A NOSSA ÚNICA CASA

SUA SANTIDADE, O
DALAI LAMA
E FRANZ ALT

A NOSSA ÚNICA CASA

UM APELO AO MUNDO PELA NECESSIDADE URGENTE DE CUIDARMOS DA TERRA

Tradução de Marina Vargas

Copyright © 2020 Benevento, by Benevento Publishing
© 2021 Casa dos Mundos/LeYa Brasil
Título original: *Our Only Home: A Climate Appeal to the World*

Todos os direitos reservados e protegidos pela Lei 9.610, de 19.02.1998.
É proibida a reprodução total ou parcial sem a expressa anuência da editora.

Editora executiva
Izabel Aleixo

Produção editorial
Carolina Vaz

Preparação
Clara Diament

Revisão
Rayssa Galvão

Diagramação
Filigrana

Capa
Kelson Spalato

Foto de quarta capa
© dalai lama picture-alliance/abaca

Dados Internacionais de Catalogação na Publicação (CIP)
Angélica Ilacqua CRB-8/7057

Bstan-'dzin-rgya-mtsho, Dalai Lama XIV, 1935-
    A nossa única casa : um apelo ao mundo pela necessidade urgente de cuidarmos da Terra / Sua Santidade, o Dalai Lama, e Franz Alt; tradução de Marina Vargas. — São Paulo: LeYa Brasil, 2021.
    128 p.

ISBN 978-65-5643-078-2
Título: Our only home: A Climate Appeal to the World

1. Mudança climática - Aspectos morais e éticos 2. Ética ambiental 3. Ambientalismo - Aspectos religiosos 4. Budismo I. Título II. Alt, Franz III. Vargas, Marina

20-4389   CDD 179.1

Índices para catálogo sistemático:
1. Natureza: Ética : Religião

LeYa Brasil é um selo editorial da empresa Casa dos Mundos.

Todos os direitos reservados à
CASA DOS MUNDOS PRODUÇÃO EDITORIAL E GAMES LTDA.
Rua Avanhandava, 133 | Cj. 21 – Bela Vista
01306-001 – São Paulo – SP
www.leyabrasil.com.br

Sumário

I. Introdução de Franz Alt 9
    1. A vida é sagrada 11
    2. Emergência climática...13
    3. A pessoa mais amável do mundo....................................14
    4. A sobrevivência da humanidade está em jogo 15

II. A Terceira Guerra Mundial contra a natureza 17
    1. A humanidade está perdendo o controle 19
    2. Quatrocentos milhões de refugiados climáticos............23
    3. Milhões vão às ruas com Greta 23
    4. Como pode ser a recuperação?......................................25
    5. Ousar em nome de um futuro 26

III. Salvem o meio ambiente – O apelo do Dalai Lama ao mundo...........29
    1. O Buda seria verde – eu também sou verde 31
    2. Educação ambiental...32
    3. Responsabilidade universal 32
    4. A revolução da compaixão..33

IV. Entrevista de Franz Alt com Sua Santidade, o Dalai Lama.............35
    1. O propósito da nossa vida é ser feliz 37
    2. Somos todos filhos de um único mundo........................39
    3. Sem os humanos, a Terra estaria melhor......................41
    4. Os glaciares do Himalaia estão desaparecendo............44

5. Uma guerra nuclear seria a última na história da humanidade......47

6. Mais educação do coração 50

V. O começo da Era Solar – O Sol triunfa 53

1. Energia solar é energia social 55

2. Deveríamos trancafiar os políticos 56

3. O renascimento exige preservação ambiental..............................58

4. Buda: "Nós somos o que pensamos"...60

5. Greta: "Nosso lar está em chamas" 61

VI. As montanhas daqui estão tão carecas quanto a cabeça

de um monge 65

1. Plantar árvores 67

2. A ética é mais importante que a religião......................................72

3. O vegetarianismo ajuda o clima 74

4. Os budistas desaprovam matar por esporte 75

VII. A árvore protetora da interdependência – As reflexões de um

monge budista sobre responsabilidade ecológica 81

VIII. Por uma Era Solar – Epílogo de Franz Alt 91

1. Reconciliando economia e ecologia 93

2. Não há matéria...95

3. No fundo, toda vida é uma só 97

4. Nenhuma criança deveria morrer de fome 97

5. Desarmar em vez de rearmar 100

6. Economizando com a natureza, não contra ela..........................101

7. Ações são evidências da verdade...106

IX. Dez mandamentos para o clima 109

X. O que eu posso fazer?...115

   1. Escolha com sabedoria 117

   2. Ainda há esperança para nós?...................................120

Agradecimentos...125

Sobre os autores 127

I. Introdução de Franz Alt

1. A vida é sagrada

"Eu também sou um grande defensor da preservação ambiental. Nós, humanos, somos a única espécie com o poder de destruir a Terra como a conhecemos. No entanto, se temos a capacidade de destruir a Terra, também temos a capacidade de preservá-la.

"É encorajador ver como você abriu os olhos do mundo para a urgência de preservar nosso planeta, nossa única casa. Além disso, inspirou muitos jovens irmãos e irmãs a se juntarem a esse movimento."

Isso foi o que o Dalai Lama escreveu para a adolescente sueca e ativista climática Greta Thunberg, em 31 de maio de 2019.

Desde então, Greta foi recebida pelo papa e pelo ex-presidente dos Estados Unidos Barack Obama. Discursou na ONU, no Parlamento francês, em duas cúpulas mundiais sobre o clima e no Fórum Econômico Mundial, em Davos. Recebeu o Prêmio Nobel Alternativo, foi convidada a discursar no Senado dos Estados Unidos e homenageada com o Prêmio Embaixador da Consciência da Anistia Internacional. Mas o que realmente mudou? Quando os jovens, principalmente na Europa, saíam às ruas toda sexta-feira para pedir um futuro melhor para o nosso planeta, onde estavam os adultos?

Barack Obama disse à jovem tímida, tranquila e séria: "Você e eu somos uma equipe". A resposta dela foi simples: "Sim". Seu lema parece ser: seja humilde. Antes da cúpula da ONU, no entanto, em meio a lágrimas e com a voz trêmula, Greta verbalizou sua raiva contra políticos de todo o mundo:

"Vocês roubaram minha infância. Estão falhando conosco. Pessoas estão sofrendo, pessoas estão morrendo, ecossistemas inteiros estão entrando em colapso." Com o punho cerrado, Greta continuou: "Estamos diante do início de uma extinção em massa, e vocês só conseguem falar de dinheiro e do conto de fadas de crescimento econômico eterno. Como ousam continuar a ignorar alertas e vir aqui dizer que estão fazendo o suficiente quando ainda não há nem sinal da política e das soluções necessárias?". A blasfêmia de Greta! Por um momento, os políticos se tornaram alunos ouvindo um sermão, e a aluna se tornou professora.

Na Alemanha, contudo, os políticos sugeriram imediatamente que as manifestações fossem feitas aos sábados e que os jovens deixassem respeitosamente a questão a cargo dos mais velhos. Essa reação complacente mostrou como a verdade, se dita com coragem, pode ser poderosa. Os jovens manifestantes não se deixam enganar por políticos que vendem sua responsabilidade em nome dos lucros de grandes empresas.

Até o momento, a indignação expressada por adultos em relação à destruição do nosso planeta está longe de ser suficiente. O aquecimento global é uma catástrofe mundial, sem precedentes na história, porque estamos buscando o crescimento apenas pelo crescimento. Então estamos ficando cada vez mais pobres. A prosperidade está diminuindo, enquanto o crescimento econômico continua a aumentar. Nós nos esquecemos de perguntar: crescimento para quê, e para quem? Temos ignorado as consequências ecológicas desse impulso.

O objetivo de Greta Thunberg e de seus seguidores é nos despertar para isso. Talvez na hora certa.

Há um tsunami vindo em nossa direção. Mas muitos de nós ainda fecham os olhos, tapam os ouvidos e cobrem a boca diante do perigo, como os três famosos macacos japoneses.

Depois do discurso de Greta na ONU, a revista *Der Spiegel* fez a pergunta: "Será que ela é a única pessoa sensata num mundo desvairado?". A revista sugeriu que as palavras dela podem um dia ser consideradas "um dos principais discursos do início do século XXI".

2. Emergência climática

Nos países em desenvolvimento, somente no primeiro semestre de 2019, milhões perderam a casa e os pertences devido aos efeitos do aquecimento global. Sobretudo os mais pobres. O aquecimento global já os atingiu; essas pessoas têm que lutar pela sobrevivência na estufa. Como um líder religioso e mestre espiritual pode ajudar nessa situação?

Nos últimos 38 anos, consegui me encontrar com o Dalai Lama quarenta vezes e fizemos quinze entrevistas para a televisão sobre temas como paz, direitos humanos, preservação ambiental e mudança climática. Este livro faz um apelo ao mundo para que apoie os jovens ativistas do clima em seu objetivo de ter um papel mais ativo na proteção do planeta e aos políticos para que encarem com urgência o aquecimento global causado pelas mudanças climáticas.

Além de Greta, mulheres sábias e corajosas como a cientista queniana e ganhadora do Prêmio Nobel da Paz Wangari Maathai e a agrônoma indiana e ganhadora do Prêmio Nobel Alternativo Vandana Shiva nos incentivam a implementar uma transição para a ecologia e a desenvolver uma economia de mercado ecológica e sustentável, de acordo com o lema "ecossocial em vez de livre mercado radical".

Em nossa conversa, consideramos o contexto espiritual dos problemas atuais que o Dalai Lama enfatizou que precisamos reexaminar eticamente o que herdamos, aquilo pelo qual somos responsáveis e o que vamos transmitir às próximas gerações.

3. A PESSOA MAIS AMÁVEL DO MUNDO

Em cinquenta anos de carreira jornalística, poucas vezes falei com uma pessoa tão empática, amável e bem-humorada. Ninguém riu mais do que ele. Não é por acaso que pesquisas mostram que ele é considerado a pessoa mais feliz do mundo. Para esse líder religioso, a ética inter-religiosa se tornou cada vez mais importante nos últimos anos. E o que ele diz o distingue de outros líderes religiosos: "A ética é mais importante do que a religião. Não nascemos membros de uma religião específica, mas a ética é inata em todos nós". Em suas palestras ao redor do mundo, o Dalai Lama fala com cada vez mais frequência sobre "a ética secular acima de todas as religiões". Albert Schweitzer chamou a mesma preocupação de "reverência por toda vida". Neste livro, ele fala de ética ecológica.

Esse código de ética secular ultrapassa fronteiras nacionais, religiosas e culturais e resume valores que são inatos em todas as pessoas e costumam ser vinculatórios. Não se trata de valores materiais externos, mas de valores internos, como atenção plena, compaixão por todas as criaturas, treinamento mental e busca pela felicidade. "Não há justiça sem compaixão e perdão. Se quisermos ser felizes, temos que praticar a compaixão, e, se quisermos que os outros sejam felizes, também temos que praticar a compaixão. Todo mundo prefere ver rostos sorridentes em vez de carrancudos", disse o Dalai Lama.

Uma de suas crenças centrais é que, em nossa busca pela felicidade e nosso desejo de evitar o sofrimento, todos nascemos iguais e desejamos uma vida feliz e significativa. Isso resulta nas maiores conquistas da humanidade. Portanto, devemos pensar e agir com base em valores humanos mais profundos, fundados na ideia de unidade da humanidade, com o objetivo de criar uma sociedade mais compassiva.

Em nossas conversas, a dignidade humana é o maior valor, e o bem-estar público, o maior valor coletivo para o indivíduo, pois a vida é sagrada.

4. A SOBREVIVÊNCIA DA HUMANIDADE ESTÁ EM JOGO

Em tempos de aquecimento global, extinção de espécies e crescente emergência hídrica em nosso planeta, os valores da cooperação internacional e da "responsabilidade universal", que o Dalai Lama defende com cada vez mais insistência, são particularmente importantes. Neste livro, como nunca antes, ele exorta os políticos a agir com urgência depois de mais de vinte conferências internacionais sobre o clima, pois o que está em jogo é nada menos que a sobrevivência do nosso planeta e o caráter sagrado da vida. Mesmo hoje, ainda há regiões no planeta que lembram remotamente nosso bom e velho mundo.

O objetivo do Dalai Lama é transformar seu país natal, o Tibete, na maior reserva natural do mundo, em consonância com a antiga tradição budista tibetana: "O Tibete deve e pode se tornar um santuário desmilitarizado, um lugar de paz e natureza".

A tecnologia por si só não vai nos salvar. Somente se combinarmos tecnologia e responsabilidade ética ainda poderemos – quem sabe! – evitar o pior do aquecimento global. Até pouco tempo atrás, muitas áreas de nosso lindo planeta azul ainda eram um paraíso natural. Hoje, muitos lugares já estão degradados, e, amanhã, muitas regiões ficarão inabitáveis se continuarmos a nos comportar como antes. Mas sempre há alternativas. Todos os problemas criados pelas pessoas também podem ser resolvidos pelas pessoas.

Em outro "apelo ao mundo" em meio à crise do novo coronavírus, o Dalai Lama destacou que, apesar da pandemia de Covid-19, não devemos deixar de lado o aquecimento global e as mudanças climáticas: afinal, as mudanças climáticas não estão fazendo uma pausa.

Nós temos a oportunidade de organizar uma agenda verde e sustentável em todo o mundo ao mesmo tempo que reerguemos a economia. Os cientistas estão desesperados atrás de uma vacina contra o vírus, mas já temos a vacina contra a pandemia do uso de energias fósseis e as mudanças climáticas: a rápida transição para energias 100% renováveis.

II. A Terceira Guerra Mundial contra a natureza

1. A humanidade está perdendo o controle

Como está nosso planeta em 2020?

Florestas tropicais em toda parte estão em chamas, desertos estão se expandindo em todos os continentes, icebergs estão derretendo e o aquecimento global produziu milhões de refugiados climáticos: ainda podemos ter esperança?

Em 2019, após quatro anos de clima seco, a Austrália vivenciou a pior estiagem de sua história. Alguns vilarejos em Nova Gales do Sul passaram a precisar de abastecimento de água potável. Usinas de dessalinização de água do mar já são responsáveis pelo abastecimento de água de um quarto da cidade de Sydney, enquanto a Índia sofre sob temperaturas de mais de 50°C. Na Europa, milhares de idosos morreram com a onda de calor, que já é a segunda depois do verão escaldante de 2018. No Brasil, em agosto de 2019, a área florestal queimada foi duas vezes maior que no ano anterior e a taxa de desmatamento, 222% maior do que em agosto de 2018.[1] O presidente brasileiro, Jair Bolsonaro, chamou os bispos e padres católicos que se opõem a esses incendiários de "um ramo podre da Igreja católica".

---

1 Segundo dados do Inpe, a taxa de desmatamento entre agosto de 2019 e julho de 2020 aumentou 34% em relação ao período anterior, contabilizando mais de 9,2 mil quilômetros quadrados de floresta derrubados. A área florestal queimada aumentou 6% em relação a 2019, registrando o maior índice da história do país desde 2005. (N. da E.)

O outono de 2018 testemunhou o desastre mais caro daquele ano em todo o mundo e o pior incêndio da história dos Estados Unidos. É ao mesmo tempo triste e irônico que a cidade de Paradise [Paraíso], na Califórnia, tenha sido destruída pelo fogo: 85 pessoas morreram, mais de 18 mil casas e edifícios em 62 mil hectares foram destruídos. Que símbolo: Paradise se tornou o inferno na Terra, uma cidade fantasma ardendo em chamas. Trezentas mil pessoas tiveram que ser evacuadas. Os prejuízos somaram cerca de US$14 bilhões.

Estamos vivenciando incêndios devastadores, mortes relacionadas ao calor, refugiados climáticos, mares moribundos, elevação do nível do mar, conflitos climáticos, poluição do ar, colapso econômico, catástrofes hídricas, alertas epidêmicos. O aquecimento global é muito pior do que estamos dispostos a admitir. O ritmo lento das mudanças climáticas é um conto de fadas que ficou no passado. Nenhum lugar na Terra permanecerá intocado e nenhuma vida, inalterada. Estamos diante da maior extinção em massa dos últimos 65 milhões de anos.

Quando nasci, em 1938, o sistema climático ainda parecia intacto; hoje está completamente fora de controle – tudo numa única geração. E tudo causado por nós, humanos, que nos comportamos como verdadeiros piromaníacos. No período compreendido entre um nascimento e um funeral, levamos nosso planeta à beira do abismo. O 1 milhão de refugiados que foram para a Alemanha em 2015 também tiveram que deixar seus países natais, porque as mudanças climáticas e a seca estavam entre os catalisadores da guerra civil.

O meio ambiente está à beira do colapso, mas, na Alemanha, os fabricantes de automóveis registraram vendas recordes de veículos utilitários de grande porte. Os alemães amam as duas coisas: florestas e carros – uma atitude verdadeiramente ambivalente. Não apenas a Alemanha, mas metade do mundo está presa à armadilha dos veículos automotivos.

Desde 1945, 120 milhões de pessoas em todo o mundo foram mortas por carros. Isso é o dobro das mortes da Segunda Guerra Mundial.

E não deveria haver uma alternativa? Faz dez anos que não tenho carro. Realizo 98% dos meus deslocamentos usando transporte público, onde estou cem vezes mais seguro do que num carro. Além disso, uso o tempo no trem para escrever meus livros e artigos. E ainda cuido do meio ambiente. Hoje, um carro consome recursos que são perdidos para sempre e custa muito dinheiro, embora permaneça cerca de 90% do tempo parado, enferrujando. Nossos automóveis são na verdade *imóveis*. Tudo isso é o oposto da mobilidade inteligente. Sem um tráfego ecologicamente consciente, não haverá mudanças significativas na política energética. É fácil nos imaginar compartilhando carros e dirigindo veículos elétricos no futuro.

"A humanidade está perdendo o controle do estado do planeta", alerta Stefan Rahmstorf, professor e codiretor do departamento de Análise dos Sistemas Terrestres do Instituto de Pesquisas sobre o Impacto Climático de Potsdam e conselheiro da chanceler alemã Angela Merkel. Os cientistas especializados em pesquisas climáticas se enganaram em apenas um ponto nas últimas décadas: o desastre climático está se aproximando muito mais rápido do que previram.

Os glaciólogos admitem que o gelo está derretendo a uma velocidade três vezes maior do que eles temiam apenas dez anos atrás. O que significa que, neste século, o nível do mar vai se elevar não alguns centímetros, mas alguns metros. Qualquer que seja o caso, porém, haverá ainda mais mar. E isso significa que não apenas metade de Bangladesh vai se tornar inabitável, mas também que Nova York e Xangai, Hamburgo e Bremen, Mumbai e Calcutá, Alexandria e Rio de Janeiro serão afetados. Um em cada quatro africanos vive no litoral e vai perder a terra sob seus pés, se não detivermos o aquecimento global. O último relatório do Painel Intergovernamental sobre Mudanças Climáticas prevê que os danos causados por enchentes vão aumentar de cem a mil vezes até o fim deste século. A elevação do nível do mar é a espada de Dâmocles do aquecimento global.

22   A NOSSA ÚNICA CASA

Em todo o mundo, os recifes de coral estão morrendo mais rápido do que o previsto. A velocidade com que espécies inteiras estão se extinguindo é atordoante. Todos os dias perdemos 150 espécies de animais e plantas, afirma o renomado professor de biologia norte-americano E. O. Wilson. Somos a primeira geração a interferir na criação divina. Estamos subvertendo a evolução.

Os glaciólogos estimam uma elevação do nível do mar de até setenta metros caso todo o gelo da Groenlândia derreta.

A meta do Acordo de Paris de limitar o aquecimento global a 1,5°C nunca será alcançada se continuarmos no ritmo atual. Neste exato momento, nosso ritmo nos levará a uma elevação de até 5°C, o que significa de 7,7°C a 8,8°C em terra, o que resultará numa Europa com o clima semelhante ao da África, e não ao do sul da Europa. Ainda há políticos e jornalistas que querem negar os fatos apresentados pelas pesquisas climáticas ou rejeitá-los como "alarmistas". Mas isso não vai deter o aquecimento global. Não se trata de uma questão de fé, e sim de física e ciência.

O fato é que estamos travando uma Terceira Guerra Mundial contra nós mesmos, pois fazemos parte da natureza. O professor Rahmstorf afirma: "Embora os pesquisadores do clima venham projetando o aquecimento global de forma bastante correta há meio século, estavam errados quanto ao ritmo e à magnitude de algumas tendências. No entanto, eles não os superestimaram, mas sim subestimaram".

Mesmo os prognósticos que antes tinham pouca confiabilidade, como a perda das florestas tropicais ou o derretimento do pergelissolo (ou *permafrost,* do inglês *perma* = permanente, e *frost* = congelado), se revelaram realidades desastrosas. Os pontos críticos no que diz respeito ao clima do sistema terrestre estão se tornando mais prováveis. Depois disso, não teríamos chance de sobreviver neste planeta como *Homo sapiens.* Stephen Hawking estaria certo em sua previsão: em cem anos, o homem terá desaparecido do planeta. O professor Rahmstorf explica os pontos críticos do desastre climático de uma forma bastante simples e popular, perfeitamente compreensível: "Imagine empurrar uma xícara cheia de café em direção à beirada da mesa. Nos primeiros centímetros, pouco acontece, a xícara apenas muda de posição. Mas, em algum momento, ela vai se inclinar, cair e derramar seu conteúdo no tapete". Então, será impossível recuperar o café.

Como disse o médico e comediante Eckart von Hirschhausen: "A Terra está gravemente infectada por um rebanho da espécie *Homo sapiens*".

2. Quatrocentos milhões de refugiados climáticos

De acordo com o Banco Mundial, algo entre 100 e 140 milhões de refugiados climáticos vão peregrinar pelo nosso planeta até 2030 em busca da fonte de água mais próxima. E a ONU prevê mais de 400 milhões de refugiados climáticos até 2050 se não detivermos o aquecimento global. A crise climática se tornará uma crise da democracia e uma crise social, até mesmo uma ameaça de guerra. Eis o que precisamos escolher: as guerras por petróleo ou a paz proporcionada pelo Sol? Ninguém jamais vai declarar guerra pelo Sol. A temperatura lá é de cerca de 15 milhões de graus Celsius.

O que precisamos aprender para finalmente superar a crise climática? Não nos resta muito tempo.

Nosso maior problema não é a enorme quantidade de pessoas, mas a falta de humanidade.

3. Milhões vão às ruas com Greta

Que mundo louco é este em que vivemos! Uma garota de dezessete anos coloca diante de nós o espelho da crise climática. E o que vemos? Nós mesmos! O Dalai Lama diz: "A crença no renascimento exige mais preservação ambiental e climática, porque vamos voltar para este planeta, e, também por esse motivo, desejamos um bom clima e um planeta saudável". Que alerta! Em 15 de março de 2019, com sua linguagem simples, mas determinada ("Nosso lar está em chamas", "Quero que vocês entrem em pânico"), Greta levou 1,6 milhão de jovens às ruas e deu início à primeira greve global pelo clima, no dia 20 de setembro de 2019, com mais de 6 milhões de manifestantes. Greta é como a criança no conto de Andersen "A roupa nova do imperador", dizendo aos adultos: "Mas o rei está nu!". A adolescente está dizendo: "Não há vida sem um clima saudável". O mundo esfrega os olhos, começa a acordar e se dá conta: a criança tem razão. Curiosamente, as crianças e os jovens que participam de protestos por um clima saudável hoje se comportam mais como adultos do que os próprios adultos.

Enquanto discursava para os acionistas da RWE, multinacional alemã geradora de energia, a porta-voz do movimento Fridays for Future [conhecido no Brasil como Greve Pelo Clima] e estudante de geografia Luisa Neubauer teve o microfone cortado por um momento. Quanto medo da verdade.

Uma semana depois, milhões de pessoas, a maioria jovens, saíram às ruas em Wellington e Viena, em Estocolmo e Nova Délhi, para se manifestar – no espírito de Greta – por uma melhor preservação do planeta. Só na Itália eram mais de 1 milhão. Em Nápoles, cartazes diziam: "Queremos pizza quente, não um planeta quente".

Na Alemanha, depois de manifestações com participação em massa, o efeito Greta também repercutiu nos partidos políticos: pesquisas mostraram que, com 27% dos votos, o Partido Verde – partido político alemão com foco em sustentabilidade ecológica, econômica e social – estava em disputa acirrada com os democratas-cristãos (CDU) e o partido União Social-Cristã na Baviera (CSU), que já foram defensores da energia nuclear. O SPD, partido que defende o uso do carvão, recebeu apenas 13% dos votos.

4. Como pode ser a recuperação?

Primeiro: atingir 100% de energia renovável até 2035. Isso não é problema, porque o sol nos fornece 15 mil vezes mais energia do que consumimos atualmente. É uma fonte de energia ecológica, renovável e gratuita. A solução está no céu: pensemos em energia eólica, energia hídrica, biomassa e energia geotérmica. Que vantagem econômica incrível das futuras fontes de energia ecológicas. Essa conclusão é tão simples e irrefutável quanto se tivesse vindo da própria Greta. Então por que 90% dos telhados da Alemanha ainda permanecem inutilizados, sem painéis solares?

Todos aprendemos na escola: todos os planetas giram em torno do Sol. Então por que ignoramos a luz? Precisamos finalmente nos abrir para a energia que vem de cima, a energia do próprio chefe supremo. Sem a luz do sol, não há vida.

Segundo: abandonar o carvão de vez e fixar um preço para as emissões de CO_2. Isso deve ser possível antes de 2038, de acordo com Greta. A transição para as fontes de energia renovável gera muito mais empregos do que aqueles que serão perdidos com o abandono do carvão. O presidente francês Emmanuel Macron, aliás, também concorda com Greta. Ele diz: "Nossa casa está queimando". Quando vamos finalmente chamar o corpo de bombeiros? Em vez de combater o fogo, no entanto, estamos discutindo o preço da água dos hidrantes.

Terceiro: adotar a mobilidade elétrica (na forma de bicicletas ou carros elétricos) e duplicar a capacidade dos sistemas de transporte público. China, Noruega, Califórnia e Holanda estão à frente dessa iniciativa.

Quarto: mudar para a agricultura orgânica. Cada vez mais produtores renunciam ao uso de agrotóxicos e glifosato. Nosso comportamento como consumidores é fazer política com um carrinho de compras. O que está em jogo, no fim das contas, é elementar: solo fértil, água potável, ar puro, clima ameno e nossas florestas, que fazem bem à alma e são as

26 A NOSSA ÚNICA CASA

responsáveis por retirar o excesso de CO_2 da atmosfera, mas que estão atualmente sob estresse.

Quinto: promover o reflorestamento mundial e a ecologização dos desertos. Um estudo recente realizado pelo ETH, o Instituto Federal de Tecnologia de Zurique, mostrou que o reflorestamento nos Estados Unidos, na Rússia, na China, no Brasil e no Canadá pode compensar mais de dois terços das emissões de CO_2 provenientes da ação humana. O que estamos esperando? A organização infantil e juvenil Plant-for-the-Planet [Plante pelo planeta], criada em Starnberg, na Alemanha, por Felix Finkbeiner, de oito anos, é um exemplo a ser seguido. Nos últimos quinze anos, mais de 13 bilhões de árvores foram plantadas em todo o mundo. Crianças e jovens já desempenham um papel fundamental quando o que está em jogo é um futuro melhor. Nós, adultos, temos que finalmente aprender a levar a sério os temores justificados de nossos filhos e netos.

5. Ousar em nome de um futuro

Ainda há tempo para políticos e partidos defenderem esse programa de sobrevivência. Lema: a catástrofe climática ameaça nosso bem-estar e nossa vida. Políticas climáticas inteligentes protegem e preservam nosso bem-estar e garantem o futuro de nossos filhos e netos. Devemos ousar em nome de um futuro. A coragem das pessoas sempre foi decisiva. Por exemplo, na Revolução Francesa de 1789, no movimento sufragista do início do século XX e na Queda do Muro de Berlim, em 1989. Na maioria das vezes, no início há apenas poucos que ousam muito. E, como Greta, eles estavam sozinhos.

Ainda temos escolha, mas nosso tempo está se esgotando. A transição energética é cara, é verdade. Mas nenhuma transição energética custará o futuro da humanidade, diz o político alemão Wolfgang Schäuble. Não é uma questão de sacrifício ou renúncia, mas sim de desejar um futuro neste planeta único e maravilhoso.

Neste livro, o Dalai Lama mostra como formas alternativas de atividade econômica podem ser desenvolvidas. Uma economia budista baseada no bem comum pode ser muito útil devido aos princípios da atenção plena, da não violência, da compaixão e da modéstia – tanto para nosso comportamento pessoal quanto para nosso comportamento político e econômico. Este livro é motivo de alarmismo? De jeito nenhum! É uma declaração de amor ao futuro.

Franz Alt
Baden-Baden, outono de 2019

III. SALVEM O MEIO AMBIENTE – O APELO DO DALAI LAMA AO MUNDO

1. O Buda seria verde – eu também sou verde

O Buda nasceu enquanto sua mãe se apoiava numa árvore. Alcançou a iluminação sentado sob uma árvore e faleceu tendo duas árvores acima, por testemunha. Portanto, se voltasse ao nosso mundo, o Buda certamente iria aderir à campanha para proteger o meio ambiente.

Falando por mim, não hesito em apoiar iniciativas relacionadas à proteção do meio ambiente porque as ameaças à natureza são uma questão de sobrevivência para todos nós. Este lindo planeta azul é nossa única casa. Ele fornece um hábitat para comunidades únicas e diversas. Cuidar do nosso planeta é cuidar da nossa casa.

Não podemos mais continuar explorando os recursos da Terra – as árvores, a água e os minerais – sem nenhuma preocupação com as gerações futuras. É senso comum que não conseguiremos sobreviver se continuarmos trabalhando contra a natureza. Precisamos aprender a viver em harmonia com ela.

Quando comparamos os danos ao meio ambiente com a guerra e a violência, fica claro que a violência tem um impacto imediato sobre nós. Já os danos ao meio ambiente acontecem de forma mais furtiva, então muitas vezes não os enxergamos até que seja tarde demais. Chegamos a um ponto crítico do aquecimento global.

2. Educação ambiental

A educação ambiental sobre as consequências da destruição do nosso ecossistema e a redução dramática da biodiversidade deve ser prioridade máxima. Mas a conscientização não é suficiente; precisamos encontrar maneiras de promover mudanças em nossa forma de viver. Faço um apelo à geração mais jovem: sejam rebeldes, exigindo a preservação do clima e a justiça climática, porque é o futuro de vocês que está em jogo.

Um dos desenvolvimentos recentes mais positivos foi a consciência crescente de que precisamos agir. Greta Thunberg, a ativista ambiental de dezessete anos que insiste em que não ignoremos os alertas dos cientistas e tomemos medidas concretas, me inspira. Milhões de jovens foram motivados, por seu exemplo, a protestar contra a omissão dos governos em relação à crise climática. Ela está certa ao dizer: "Ninguém é pequeno demais para fazer a diferença". Apoio incondicionalmente o Fridays for Future, movimento que ela iniciou.

Sinto-me encorajado ao ver a determinação dos jovens em promover mudanças positivas. Eles têm confiança de que podem fazer a diferença porque seus esforços são baseados em evidências e na razão.

Mais e mais pessoas compreendem que a sobrevivência da humanidade está em jogo. Apenas meditar ou rezar por mudanças não basta. É preciso agir.

3. Responsabilidade universal

Nós, 7 bilhões de seres humanos, precisamos aprender a viver juntos. Não é mais suficiente pensar apenas em "meu país", "meu povo", "nós" e "eles". Cada um de nós deve aprender a trabalhar para o benefício de toda a raça humana.

III. Salvem o meio ambiente – O apelo do Dalai Lama ao mundo 33

Somos animais sociais nascidos com o senso de pertencimento a uma comunidade. Precisamos entender que, assim como nosso futuro depende dos outros, o dos outros depende de nós. Nosso mundo é profundamente interdependente, e não apenas no que diz respeito à economia, mas também no enfrentamento do desafio das mudanças climáticas.

Precisamos reconhecer que os problemas locais têm ramificações globais a partir do instante em que começam. A crise climática afeta toda a humanidade.

Países insulares como Fiji, as Ilhas Marshall, as Maldivas e as Bahamas mostraram que, coletivamente, podemos fazer a diferença. O Acordo de Paris de 2015 para combater as mudanças climáticas, assinado por 196 países, foi um bom começo, mas precisa ser seguido de ações.

Precisamos de um senso de responsabilidade universal como motivação central para reequilibrar nossa relação com o meio ambiente e com nossos vizinhos. Valorizar a unidade da humanidade diante do desafio do aquecimento global é a verdadeira chave para a nossa sobrevivência.

4. A REVOLUÇÃO DA COMPAIXÃO

Estou agora com 84 anos e testemunhei muitas das convulsões do século XX: a destruição e o sofrimento provocados pela guerra, mas também danos sem precedentes ao meio ambiente. A geração mais jovem de hoje tem a capacidade e a oportunidade de criar um mundo mais compassivo. Exorto-os a fazer deste século XXI uma era de mudanças enraizadas no diálogo e um século de compaixão por todos os habitantes deste planeta.

A superexploração dos nossos recursos naturais resulta da ignorância, da ganância e da falta de respeito pela vida na Terra. Salvar o mundo da crise climática é nossa responsabilidade comum. Precisamos encontrar maneiras de exercer a liberdade com responsabilidade.

Precisamos de uma revolução de compaixão baseada na generosidade que contribua para um mundo mais compassivo e com um senso de unidade da humanidade. Toda a família humana precisa se unir e cooperar para proteger nosso lar comum. Espero que os esforços para alcançar um modo de vida mais sustentável tenham êxito.

Dalai Lama
Dharamsala, Índia, 10 de dezembro de 2019

IV. Entrevista de Franz Alt com Sua Santidade, o Dalai Lama

1. O propósito da nossa vida é ser feliz

Franz Alt: *Sua Santidade, querido amigo. Quinze anos atrás, você me disse numa entrevista: "O século XXI pode se tornar o mais feliz e pacífico da história da humanidade. Espero que sim, pelos jovens". Ainda nutre essa esperança?*

Dalai Lama: Tenho esperança de que o século XXI possa se tornar o mais importante da história da humanidade. O século XX testemunhou destruições imensas, sofrimentos humanos e danos ambientais sem precedentes. O desafio que temos diante de nós, portanto, é fazer do século XXI um século de diálogo e de promoção do senso de unidade da humanidade.

Como monge budista, faço um apelo a todos os seres humanos para que pratiquem a compaixão – a fonte da felicidade. Nossa sobrevivência depende da esperança. Esperança significa algo bom. Eu acredito que o propósito da nossa vida é ser feliz.

Os 7 bilhões de seres humanos no mundo precisam aprender a trabalhar juntos. Não é mais hora de pensar apenas em "minha nação" ou "nosso continente". Há uma necessidade real de um maior senso de responsabilidade global.

Eu me sinto otimista quanto ao futuro porque a humanidade parece estar amadurecendo; os cientistas estão prestando mais atenção aos nossos valores internos, ao treinamento da mente e das emoções. Há um desejo claro de paz e uma preocupação com o meio ambiente.

Franz Alt: *A Cúpula do Clima de Paris, no fim de 2015, foi o início de uma nova realidade. Pela primeira vez, o mundo talvez tenha se visto como uma família mundial. Governos de todo o mundo e a União Europeia se comprometeram por escrito a não aumentar o aquecimento global em mais de 1,5°C – 2°C no máximo – em relação aos níveis de 1880. Globalmente, no entanto, já temos um aumento de mais de 1°C. Se continuarmos assim, o aquecimento global pode chegar a 5°C ou 6°C ainda neste século. Eu não gostaria de ser meu neto se isso acontecer. O Acordo de Paris continua apenas no papel, os governos não estão agindo. Você ainda está otimista? O acordo ainda pode ser concretizado?*

Dalai Lama: Espero e rezo para que o Acordo de Paris, firmado em 2015, por fim traga resultados tangíveis. O egoísmo, o nacionalismo e a violência são fundamentalmente errados.

A saída dos Estados Unidos do Acordo de Paris é muito triste. É importante que os cientistas não parem de falar sobre os perigos que enfrentamos e de alertar o público. Nesse sentido, a mídia tem uma grande responsabilidade na educação das pessoas. O abismo entre ricos e pobres também é muito grave, e temos que tomar medidas para eliminá-lo, ajudando os desfavorecidos.

Toda atividade humana deve ser realizada com senso de responsabilidade, compromisso e disciplina. Quando, no entanto, nossas atividades são realizadas com miopia e visando a obter dinheiro ou poder a curto prazo, então elas se tornam negativas e destrutivas. Preservar o meio ambiente não é um luxo que possamos escolher desfrutar, mas uma questão de sobrevivência.

Todos os anos testemunhamos o aquecimento global devido às mudanças climáticas. Recentemente, tanto os Estados Unidos quanto a Europa vivenciaram verões de calor extremo e invernos muito frios. A questão do meio ambiente e das mudanças climáticas é uma questão global, não diz respeito apenas a Europa, Ásia, África ou Américas. O que acontece neste planeta afeta a todos nós.

IV. Entrevista de Franz Alt com Sua Santidade, o Dalai Lama   39

Não é suficiente apenas expressar opiniões e realizar conferências. Precisamos definir um cronograma para a mudança.

Franz Alt: *Em 1992, você disse: "A responsabilidade universal é fundamental para a sobrevivência humana". O que isso significa em termos concretos e práticos?*

Dalai Lama: Os 7 bilhões de seres humanos são animais sociais e devem aprender a viver juntos. Não é mais hora de pensar apenas em "meu país", "meu povo", "nós" e "eles". Vivemos num mundo globalizado. Os países pensam em seus próprios interesses nacionais, em vez de em interesses globais, e isso precisa mudar, porque o meio ambiente é uma questão global. Para enfrentarmos os problemas ambientais globais, é necessário algum sacrifício dos interesses nacionais.

2. Somos todos filhos de um único mundo

Franz Alt: *Há séculos o nacionalismo molda nossa história. Existe realmente uma possibilidade de superar o pensamento nacionalista?*

Dalai Lama: Aonde quer que eu vá, enfatizo que todos os 7 bilhões de seres humanos são física, mental e emocionalmente iguais. Todos querem viver uma vida feliz e sem problemas. Até os insetos, pássaros e animais querem ser felizes.

Para garantir um mundo mais pacífico e um ambiente mais saudável, às vezes apontamos o dedo para os outros, dizendo que deveriam fazer isso ou aquilo. Mas a mudança deve começar conosco como indivíduos. Quando um indivíduo se torna mais compassivo, isso influencia os outros, e é assim que vamos mudar o mundo. Os cientistas dizem que nossa natureza essencial é compassiva. Isso é muito positivo.

40   A NOSSA ÚNICA CASA

Diante de problemas globais como o efeito estufa e a destruição da camada de ozônio causada pelos clorofluorcarbonetos, as organizações e as nações são impotentes sozinhas. Quando recebi o Prêmio Nobel da Paz, em Oslo, em 1989, conclamei o mundo a assumir responsabilidade universal. Precisamos aprender que somos todos irmãos e irmãs e vivemos na mesma Terra e sob o mesmo sol.

A menos que todos trabalhemos juntos, nenhuma solução será encontrada. Portanto, nossa principal responsabilidade é nos comprometermos com os princípios éticos da responsabilidade universal acima do lucro e da religião e colocarmos o bem-estar de todos os seres sencientes e das gerações futuras acima do nosso egoísmo. A mudança climática é um problema que afeta toda a humanidade. Mas se tivermos um senso genuíno de responsabilidade universal como motivação central, nossa relação com o meio ambiente será equilibrada, assim como nossa relação com nossos vizinhos. A Mãe Terra está nos ensinando uma lição de responsabilidade universal.

Portanto, cada um de nós, como indivíduo, tem a responsabilidade de garantir que o mundo seja seguro para as gerações futuras, para nossos netos e bisnetos.

Franz Alt: *O aquecimento global é um problema estritamente político ou todo indivíduo pode fazer algo a respeito?*

Dalai Lama: De acordo com os cientistas, nós, seres humanos, somos responsáveis pelo aquecimento global e pela mudança nas condições climáticas. Logicamente, isso significa que nós, seres humanos, temos a responsabilidade de resolver os problemas que criamos.

No âmbito individual, devemos mudar nosso estilo de vida, consumir menos água e eletricidade, plantar árvores e reduzir o uso de combustíveis fósseis, que levaram milhões de anos para se formar. Os combustíveis fósseis são fontes de energia não renovável; portanto, devemos usar energias renováveis, como a solar, a eólica e a geotérmica.

Quando eu era menino e estudava o budismo, aprendi sobre a importância de cuidar do meio ambiente. Nossa prática de não violência se aplica não apenas aos seres humanos, mas a todos os seres sencientes.

O que distingue os seres humanos dos animais? É a nossa capacidade de pensar em longo prazo. Os animais vivem apenas um dia de cada vez, ao passo que nosso cérebro é capaz de pensar dez ou até cem anos à frente. Mil anos talvez sejam demais para nós. Consequentemente, estamos aptos a fazer preparativos para o futuro e um planejamento a longo prazo.

3. Sem os humanos, a Terra estaria melhor

Franz Alt: *Mas é apenas nossa miopia que nos impede de tratar o ambiente natural com cuidado?*

Dalai Lama: A destruição da natureza e de seus recursos resulta da ignorância, da ganância e da falta de respeito pelas coisas vivas da Terra. Hoje, temos acesso a mais informação, e é fundamental que reavaliemos eticamente o que herdamos, aquilo pelo que somos responsáveis e o que vamos transmitir às gerações futuras.

Resolver a crise ambiental não é apenas uma questão de ética, é uma questão de garantir nossa própria sobrevivência. O meio ambiente é muito importante não apenas para aqueles de nós que vivemos agora, mas também para as gerações futuras. Mesmo que possamos ganhar dinheiro e desfrutar de outros benefícios se explorarmos a natureza de maneira extrema, a longo prazo, nós e as gerações futuras vamos sofrer. Quando o ambiente muda, as condições climáticas também mudam. Quando mudam de forma drástica, a economia e muitas outras coisas também sofrem as consequências. Até nossa saúde física pode ser afetada.

Franz Alt: *No passado, o homem precisava de proteção contra o meio ambiente. Hoje é o contrário. Os cientistas dizem: sem os humanos, a Terra estaria melhor.*

Dalai Lama: Como alguém nascido no Tibete, o telhado do mundo, onde ficam os picos mais altos do planeta e as nascentes dos grandes rios da Ásia, amo a natureza desde a infância. Fiz da preservação ambiental um dos meus compromissos de vida, e defendo a preservação do meio ambiente aonde quer que eu vá. Por isso, encorajo todos a discutirem o aquecimento global, que afeta o futuro.

Franz Alt: *Em sua encíclica sobre o meio ambiente, o papa Francisco expressa da seguinte forma o que você chama de "responsabilidade universal": "A interdependência de todas as criaturas é obra de Deus. O Sol e a Lua, o cedro e a flor do campo, a águia e o pardal – a miríade de diferenças e desigualdades é evidência de que as criaturas não são autossuficientes, mas que existem apenas na dependência umas das outras e se complementam no serviço mútuo". A declaração do papa coincide com o que você pensa?*

Dalai Lama: Eu saúdo a encíclica do papa Francisco sobre o meio ambiente. Também vejo semelhanças entre a encíclica "Uma família humana, um lar comum" e minha mensagem de unidade da humanidade. Como o aquecimento global e as mudanças climáticas afetam a todos nós, temos que desenvolver um senso de unidade da humanidade e de responsabilidade universal.

A metafísica dos sábios da Índia antiga e a metafísica do Ocidente estão convergindo em tempos de crise ecológica. A tecnologia por si só não vai nos salvar. Precisamos de interdependência de ética e tecnologia. Precisamos de um plano conjunto para salvar o planeta.

Cuidar da Terra é nossa responsabilidade compartilhada. Cada um de nós tem a responsabilidade moral de agir, como o papa afirma com veemência em sua encíclica.

Franz Alt: *Em nosso livro anterior,* Um apelo ao mundo: o caminho da paz em tempos de discórdia, *você expressou a ideia de que "a ética é mais importante do que a religião". O que isso significa no que diz respeito à política ambiental?*

Dalai Lama: A religião não deve se limitar apenas à oração. A ação ética é mais importante do que orações. O que Buda, Alá e Cristo podem fazer se nós, seres humanos, destruímos nosso planeta, enchemos os oceanos de plástico, fazendo com que peixes, focas e baleias morram, e provocamos o rápido aumento da desertificação e da liberação de gases do efeito estufa na atmosfera? Cristo, Alá e Buda não são responsáveis pelas mudanças climáticas e pela destruição do meio ambiente; esse é um problema criado pelo homem. Portanto, temos que assumir a responsabilidade e encontrar soluções. É por isso que precisamos de uma ética ambiental que se concentre na ação e na compaixão por todos os seres sencientes.

Os cientistas concluíram que a natureza humana fundamental é compassiva. Aqueles que crescem numa atmosfera mais compassiva tendem a ser mais felizes e mais bem-sucedidos. Por outro lado, os cientistas sugerem que viver constantemente com raiva ou medo prejudica nosso sistema imunológico. Em consequência, compaixão e generosidade não são importantes apenas no início da vida, mas também no meio e no fim. A necessidade delas e de seus valores não se limita a um determinado momento, lugar, sociedade ou cultura.

4. Os glaciares do Himalaia estão desaparecendo

Franz Alt: *Dois terços dos glaciares do Himalaia correm o risco de desaparecer até 2050 devido ao aquecimento global. Isso afetaria o abastecimento de água de bilhões de pessoas na Índia e na China.*

A Bíblia hebraica declara: "Em compaixão, a justiça e a paz se beijarão". E, no Novo Testamento, Jesus diz: "Sede misericordiosos como também vosso Pai é misericordioso". Nossas ações só são compassivas quando resultam da nossa solidariedade. No Norte da África, vi áreas que, no passado, foram um paraíso para os humanos e que hoje estão assoladas pela seca e amanhã serão inabitáveis. Como jornalista televisivo, testemunhei, nos últimos cinquenta anos, acontecimentos catastróficos semelhantes na Índia e em Bangladesh. O derretimento do gelo e o aquecimento global podem ser detidos?

Dalai Lama: Bilhões de dólares são gastos em armas de destruição em massa. Se metade desses bilhões de dólares fosse usada no desenvolvimento de novas tecnologias e num uso mais amplo de energia renovável, o impacto positivo que isso teria em nossos esforços para limitar o aquecimento global seria imenso!

Depositar esperanças na geração mais jovem não é suficiente. Os políticos também precisam agir com urgência. Não basta realizar reuniões e conferências. Precisamos definir um cronograma para a mudança. Somente se começarem a agir agora é que teremos motivos para ter esperança. Não devemos sacrificar nossa civilização por causa da ganância de poucos. Os jornalistas têm um papel igualmente importante. Nos tempos modernos, eles têm a responsabilidade especial de conscientizar as pessoas – não apenas divulgar as más notícias, mas também levar esperança.

Estudos recentes sugerem que o mundo está quase ultrapassando seu orçamento de carbono. Esse orçamento, portanto, tem que se tornar a moeda mais importante do nosso tempo. Os políticos estão gradualmente ficando sem desculpas, mas precisamos usar nosso tempo com sabedoria.

Centenas de milhares de jovens estão indo às ruas, no novo movimento ambiental da juventude global Fridays for Future, com o objetivo de persuadir os políticos a melhorarem os esforços pela preservação do clima. Sinto-me encorajado ao ver a determinação dos jovens em aumentar a conscientização a fim de produzir mudanças positivas. Eles vão ser bem-sucedidos, porque seus esforços são baseados na verdade científica e na razão.

Este pequeno livro é um chamado à ação! Um apelo aos políticos, aos formadores de opinião, aos jornalistas, aos líderes religiosos e a todas as outras pessoas. Como o futuro das gerações vindouras está em nossas mãos, devemos estar determinados a agir antes que seja tarde demais.

Franz Alt: *O que você acabou de dizer sobre a política e os políticos também se aplica a nós, jornalistas. Precisamos finalmente começar a descrever a crise como uma crise. Estamos diante de um sofrimento inimaginável para bilhões de pessoas. Por que a questão climática é uma questão de sobrevivência para todas as formas de vida?*

Dalai Lama: Costumo brincar que a Lua e as estrelas são lindas, mas, se tentássemos viver nelas, seríamos infelizes. Este nosso planeta azul é um lindo hábitat. Sua vida é a nossa vida; seu futuro, o nosso futuro. Na verdade, a Terra age como uma mãe para todos nós. Como crianças, dependemos dela. Nosso mundo é profundamente interdependente, tanto no que diz respeito a nossas economias quanto no enfrentamento de problemas como as mudanças climáticas que desafiam a todos nós.

Mesmo um pequeno aumento de nossa temperatura corporal gera um grande desconforto. Os cientistas afirmam que um pequeno aumento na temperatura da Terra é um risco para os seres humanos, os animais, a agricultura, a água e as geleiras, sobretudo no Ártico e na Antártica, na Groenlândia e no Alasca, no Himalaia e nos Alpes. Se o mundo não conseguir conter o aquecimento global, pequenos países insulares podem desaparecer para sempre devido à elevação do nível do mar. Infelizmente, os pobres são os mais atingidos pelos desastres relacionados ao clima.

Quando vemos fotos da Terra tiradas do espaço, não vemos fronteiras entre nós, apenas este lindo planeta azul. Não é mais hora de pensar apenas em "minha nação" ou "nosso continente". Há uma necessidade real de um maior senso de responsabilidade global baseado na unidade da humanidade.

Franz Alt: *Por que você diz que o Tibete é o grande epicentro das mudanças climáticas?*

Dalai Lama: Um ecologista chinês descreveu o Planalto do Tibete como um terceiro polo, porque é a terceira maior área de água congelada do planeta, depois do Polo Norte e do Polo Sul. Os efeitos do aquecimento global no Planalto do Tibete têm um impacto significativo na vida de mais de 1,5 bilhão de pessoas que habitam a região. O mesmo artigo mencionou que as temperaturas no Planalto do Tibete subiram 1,5°C, mais do que o dobro da média global. As geleiras do Terceiro Polo estão derretendo a uma taxa que quase dobrou desde 2005. De acordo com a pesquisa, mais de quinhentas pequenas geleiras desapareceram por completo, e as maiores estão diminuindo de tamanho rapidamente.

O Planalto do Tibete é o maior reservatório de água do mundo. Todos os dez maiores rios da Ásia, incluindo Ganges, Karnali, Brahmaputra, Indo, Sutle, Irauádi, Salween, Amarelo, Yangtzé e Mekong, se originam lá. Mais de 1,5 bilhão de pessoas vive dessas águas – um quinto da população mundial. Sem água, não há vida. Se os 46 mil glaciares do Tibete continuarem a derreter, enfrentaremos problemas hídricos inimagináveis, e a água provavelmente vai se tornar uma das principais causas de conflito no futuro. Portanto, a ecologia do Tibete é muito importante.

IV. Entrevista de Franz Alt com Sua Santidade, o Dalai Lama 47

Franz Alt: *Nós dois estávamos no Muro de Berlim em novembro de 1989. E nas Berlim Oriental e Ocidental, os "Mauerspechte" – ou "pica-paus do muro" –, botavam abaixo aquele monstro desumano. Pessoas dos dois lados deram a você uma vela acesa e o colocaram em cima dos destroços. Lá você ficou e proferiu estas palavras contundentes: "Tão certo quanto que este muro vai cair, meu lar, o Tibete, um dia vai encontrar a liberdade". Para mim, um momento inesquecível. Afinal, apenas alguns meses antes, os governantes chineses haviam sufocado brutalmente a revolta estudantil na Praça da Paz Celestial, em Pequim. Posteriormente, discutimos sua perspectiva otimista diante de vários milhares de alunos da Freie Universität, em Berlim. Você repetiria essa frase hoje, quando a repressão no Tibete sob ocupação chinesa aumentou desde 1989? Continua tão otimista quanto antes?*

Dalai Lama: Quando viemos para o exílio, preservar nossa identidade, nosso idioma e nossa cultura era nossa prioridade. Hoje, quando os tibetanos no Tibete revelam sua paixão por preservar sua cultura, os chineses linha-dura se opõem a isso como um indício de motivações "separatistas". Apesar das restrições, o espírito dos tibetanos permanece resoluto.

As coisas estão mudando, e um sistema totalitário não tem futuro.

5. Uma guerra nuclear seria a última na história da humanidade

Franz Alt: *Você teme guerras por água entre a Índia e a China. Ambos os países têm bombas nucleares. Será que algum dia pode haver uma guerra nuclear entre esses dois países motivada pela questão da água?*

Dalai Lama: Uma guerra nuclear provavelmente seria a última na história da humanidade, porque não restaria ninguém para travar outra.

48   A NOSSA ÚNICA CASA

Franz Alt: *Por que é importante manter a harmonia entre o meio ambiente e os seres sencientes?*

Dalai Lama: Existe uma estreita interdependência do meio ambiente com os seres sencientes que vivem aqui, no planeta Terra. Portanto, compartilhamos um senso de responsabilidade universal tanto pela humanidade quanto pela natureza.

Quando o meio ambiente é degradado e poluído, há muitas consequências negativas. Oceanos e lagos perdem suas qualidades refrescantes e balsâmicas, e as criaturas que dependem deles são perturbadas. O declínio da cobertura vegetal e florestal faz com que a abundância da Terra diminua. A chuva não cai mais quando necessário, o solo seca e sofre erosão, os incêndios florestais aumentam e tempestades sem precedentes se formam. Todos sofremos as consequências.

Antes da ocupação chinesa, o Tibete era um santuário de vida selvagem fértil, belo e intocado, num ambiente natural único. Infelizmente, nas últimas seis décadas, a vida selvagem tibetana e sua frágil ecologia foram praticamente destruídas pela ocupação chinesa. O pouco que resta deve ser protegido. Todos os esforços devem ser feitos para restaurar o meio ambiente tibetano ao seu estado de equilíbrio.

Apesar de todo o sofrimento que a China infligiu aos tibetanos por mais de seis décadas, continuo convencido de que a maioria dos conflitos humanos pode ser resolvida por meio de um diálogo sincero, num espírito de reconciliação. Aprendemos que até os inimigos podem se tornar amigos. Eu acredito piamente na não violência.

Franz Alt: *"As catástrofes ambientais são o reflexo de nossas formas combativas e destrutivas de pensar baseadas num desejo egoísta de prosperidade e lucro", você afirmou em outra ocasião. Egoísmo e desejo de riqueza não fazem parte da essência humana?*

IV. Entrevista de Franz Alt com Sua Santidade, o Dalai Lama   49

Dalai Lama: [*Após um momento de reflexão.*] Os valores materiais são importantes. Mas os valores internos mais profundos são mais importantes do que os materiais. No último século, fizemos grande progresso material. Mas é precisamente esse progresso material que agora está levando à destruição ambiental. Precisamos de um novo equilíbrio entre economia e ecologia, caso contrário destruiremos a base de nossa vida. O progresso material por si só não é capaz de reduzir nosso estresse psíquico, nossa ansiedade, raiva e frustração.

Meu amigo Mikhail Gorbachev ainda está comprometido com as questões ambientais na organização internacional Cruz Verde, da qual é cofundador. A ecologia deve se tornar a economia mais inteligente. Só então seremos capazes de viver de forma sustentável.

Quanto à questão de o mundo estar ficando melhor ou pior, há uma oposição crescente à existência de armas nucleares. Antes ninguém falava de meio ambiente, mas hoje o assunto está na boca de todos. Cientistas que antes prestavam atenção apenas às coisas materiais agora estão prestando atenção ao treinamento da mente. Cultivo a crença otimista de que as pessoas em geral estão se tornando mais maduras.

Já nos descrevi como egoístas, é verdade. Mas devemos ser egoístas sábios, em vez de egoístas tolos. Pensar menos em "eu" e mais no bem-estar dos outros. Assim se obtém o benefício máximo. Então isso é o egoísmo sábio.

Franz Alt: *Você fala em priorizar a educação ambiental – do jardim de infância ao ensino médio, mas também nas universidades. Por que é importante começar tão cedo na educação infantil?*

Dalai Lama: Toda criança deve aprender na escola que seu futuro e sua felicidade sempre dependerão do futuro e da felicidade dos outros. Já no jardim de infância, as crianças podem aprender que todos os 7 bilhões de seres humanos têm o direito de ser felizes. Todos vivemos no mesmo planeta, sob o mesmo sol, e respiramos o mesmo ar. Hoje, o mundo precisa de uma educação ético-ambiental baseada numa compreensão mais profunda que transcende a religião. Na escola, as crianças podem aprender a ter consciência disso.

A educação ambiental deve ter prioridade máxima, uma vez que todos nos tornamos testemunhas da destruição do nosso ecossistema e de um declínio dramático da biodiversidade. Educação ambiental significa aprender a manter um estilo de vida equilibrado. Para ter um apelo universal, essa ética precisa ter uma base secular.

Quando vim do Tibete para a Índia, em 1959, não tinha ideia dos problemas com o meio ambiente. Quando ouvi pela primeira vez: "Você não pode beber essa água", fiquei surpreso ao constatar que estava poluída. No Tibete, ao passar por um curso d'água, por um riacho, sempre bebíamos. Sem preocupações. Aprendi sobre poluição e, gradualmente, sobre ecologia. Hoje tenho uma profunda preocupação com o meio ambiente, pois se tornou uma questão de sobrevivência. Aprendi sobre isso através da conscientização – não da meditação, mas da conscientização, com a ajuda de especialistas.

Podemos falar sobre ir à Lua ou a Marte, mas não podemos nos estabelecer lá. Este planeta é o único lugar onde podemos viver.

6. Mais educação do coração

Franz Alt: *O que você quer dizer com a expressão "educação do coração"?*

Dalai Lama: Meu desejo é que se dê mais atenção à educação do coração – ensinando amor, bondade, paz, compaixão, perdão, atenção plena, autodisciplina, generosidade e tolerância. Essa educação é necessária desde o jardim de infância até o ensino médio e a universidade. Estou falando de aprendizagem social, emocional e ética. Precisamos de uma iniciativa mundial para educar o coração e treinar a mente nesta era moderna.

Hoje em dia, nossos modernos sistemas educacionais são orientados principalmente para o desenvolvimento material. A educação moderna não é adequada e dá pouca atenção aos valores internos. Mas nossa natureza humana essencial é compassiva. Precisamos, portanto, desenvolver um currículo para o sistema educacional que seja baseado na compaixão e na bondade, na tentativa de torná-lo mais holístico.

Nós não somos como as plantas; temos emoções. Precisamos aprender a controlar nossas emoções e alcançar a paz interior. Nossa educação deve incluir a compreensão de como alcançar a paz de espírito. Devemos aprender a viver da maneira adequada, a equilibrar nosso desejo de conforto físico e mental. Isso é o que importa.

Precisamos aprender que a humanidade é uma grande família. Somos todos irmãos e irmãs: física, mental e emocionalmente, somos iguais. Mas ainda nos concentramos demais em nossas diferenças, em vez de em nossas semelhanças. Afinal, todos nascemos da mesma maneira e morremos da mesma maneira.

V. O começo da Era Solar – O Sol triunfa

1. Energia solar é energia social

Franz Alt: *Em muitas de nossas discussões, com frequência falávamos sobre energia solar. O Sol envia 15 mil vezes mais energia para a Terra do que consumimos atualmente. Além disso, a energia solar está disponível de graça, é ecologicamente correta, está disponível em todo o mundo e é renovável. A solução do problema de energia está no céu. Além disso, há também energia eólica, energia hídrica, bioenergia, energia geotérmica e energia oceânica. O mundo está cheio de energia. Podemos desfrutar de toda a sinfonia das energias renováveis. Em alguns países, como Costa Rica e Islândia, toda a energia produzida já é renovável. Em todo o mundo, até um terço da produção de eletricidade é renovável. Não faltam conhecimentos e tecnologias, mas apenas uma implementação rápida. Por que a transição demora tanto?*

Dalai Lama: Você me disse que atualmente, na Alemanha, 50% da eletricidade produzida é verde. Em 2000, eram apenas 5%. Isso mostra que mesmo países industrializados com alto consumo de energia podem fazer uma transição para energias renováveis. Eu sei que as tecnologias de armazenamento de energia solar e eólica estão mais desenvolvidas. Além disso, o sol e o vento não enviam cobranças. Isso significa que são dádivas da natureza que deveríamos usar muito mais no futuro. O sol e o vento já são as fontes energéticas mais econômicas do mundo. Portanto, não precisamos de usinas nucleares ou centrais elétricas movidas a carvão. Estamos no início de uma revolução solar.

Precisamos mudar nosso estilo de vida e nossa grande dependência da velha energia. Para isso, é necessário que haja mais incentivos governa-

56 A NOSSA ÚNICA CASA

mentais às empresas de energia renovável e às pessoas comuns, a fim de que usem essa energia.

Franz Alt: *Permita-me perguntar, caro amigo: já somos capazes de construir casas e fábricas que produzem mais energia verde do que utilizam. O sol brilha sobre todos os telhados. Sabemos que, no futuro, navios e aviões usarão hidrogênio produzido por energia solar. Nos últimos vinte anos, foram criados mais de 11 milhões de empregos sustentáveis em todo o mundo por meio da energia renovável. A Agência Internacional de Energia Renovável estima que a transição para a energia solar criará 25 milhões de novos empregos até 2030. Então por que a transição energética é tão lenta?*

Dalai Lama: As novas tecnologias sempre levaram um tempo relativamente longo para serem adotadas por completo. Hoje, mais e mais empresas estão produzindo carros elétricos. Mas se o custo do carro for muito alto, apenas os muito ricos poderão comprá-los. Portanto, esses carros precisam ser mais baratos. Da mesma forma, outras energias renováveis precisam ser mais acessíveis, sobretudo para a parcela mais pobre das populações, que é mais vulnerável às mudanças climáticas. Aprendi com cientistas que o uso de energia solar e de energia eólica tem aumentado ao longo dos anos em todo o mundo. Estamos fazendo progressos significativos. Como eu disse antes, é preciso que haja mais educação e que se incentive o uso desse tipo de energia.

2. DEVERÍAMOS TRANCAFIAR OS POLÍTICOS

Franz Alt: *Já é possível produzir energia solar na África e no Chile a 2,5 centavos o quilowatt-hora. O governo da Arábia Saudita pretende produzir energia solar a um centavo até 2025 na maior usina solar do mundo. Tudo isso são dádivas da natureza, como você disse. Essa também é a política de desenvolvimento mais eficiente de todos os tempos. A energia solar já é energia social. A energia renovável é o passo decisivo* *para a prosperidade de todos. Com energia barata, a economia pode se desenvolver nos países pobres do Hemisfério Sul, e as causas do êxodo podem ser eliminadas. O que podemos fazer para que os políticos implementem logo o que ficou decidido em Paris?*

Dalai Lama: [*Dando sua risada mundialmente famosa e sorrindo.*] Talvez devêssemos trancafiar os políticos mais importantes do mundo numa sala por um tempo e canalizar dióxido de carbono para dentro dela até que eles se deem conta do que as mudanças climáticas realmente significam. Então, provavelmente sentiriam bem depressa o que os gases do efeito estufa estão fazendo conosco, humanos [*ainda rindo alto*].

Eu aprecio muito as atividades em todo o mundo voltadas para a transição energética e a preservação ambiental. Porque muitas vezes tenho a impressão de que os políticos não levam a preservação do clima e do meio ambiente suficientemente a sério. A ignorância é o inimigo número um.

Os cientistas dizem que, devido ao aquecimento global, muitas partes do mundo podem se tornar desertos. Isso é muito sério.

O dr. Yuan T. Lee, taiwanês ganhador do Prêmio Nobel de Química, me disse que, daqui a oitenta anos, o mundo será como um deserto. Segundo ele, os recursos hídricos já estão diminuindo de forma alarmante. Portanto, todos precisamos mudar nosso estilo de vida, abandonando os combustíveis fósseis e adotando fontes renováveis de energia.

Um dos meus sonhos, talvez um sonho impossível, é explorar o potencial solar de lugares como o deserto do Saara e usar essa energia para operar usinas de dessalinização. A água doce produzida assim poderia tornar o deserto verde e permitir a produção de safras de alimentos. É um projeto que traria amplos benefícios e funcionaria numa escala que iria requerer cooperação global.

Cuidar do meio ambiente, tomar as medidas necessárias para reduzir o aquecimento global, portanto, é um assunto sério. Sou monge, então não tenho filhos, mas as pessoas que têm precisam pensar em como será

58 A NOSSA ÚNICA CASA

a vida para seus filhos e netos. Estamos no início do século XXI, mas também precisamos pensar à frente, em como as coisas podem ser nos séculos XXII e XXIII.

3. O RENASCIMENTO EXIGE PRESERVAÇÃO AMBIENTAL

Franz Alt: *A consciência da reencarnação também pode ajudar? Quem sabe que vai voltar quer um planeta saudável. Sabemos hoje que Jesus falava repetidamente sobre renascimento em sua língua materna, o aramaico. De acordo com o filósofo judeu Schalom Ben-Chorin, a crença no renascimento era uma crença popular. Mais tarde, porém, os bispos cristãos eliminaram essas palavras de Jesus por maioria de votos. O renascimento é algo natural nas religiões asiáticas. Mas em todas as religiões e culturas, há pessoas que se lembram de vidas passadas. As culturas e religiões que acreditam no renascimento devem, mesmo que apenas por razões egoístas, defender a preservação ambiental, porque em sua próxima vida as pessoas também vão precisar de uma Terra acolhedora. A preservação ambiental e climática tem mais prioridade nas religiões asiáticas que acreditam no renascimento do que nas religiões ocidentais?*

Dalai Lama: Sim, tem. Mas tem pouca prioridade na política prática. Em termos de comportamento ambiental prático, muito pouco pode ser observado até o momento. Pensemos nos problemas ambientais da China. Ou nas usinas nucleares do Japão. Ou nas usinas movidas a carvão na Índia.

É verdade, porém, que uma pessoa que acredita no renascimento naturalmente deseja um planeta que respeite o meio ambiente em sua próxima vida. Eu também [*rindo*].

Não podemos mais continuar explorando os recursos do planeta – as árvores, a água e os minerais – sem nenhuma preocupação com as gerações futuras. É senso comum que não vamos sobreviver se continuarmos trabalhando contra a natureza. Precisamos aprender a viver em harmonia com ela. Como um monge budista que acredita no renascimento, mesmo que por razões egoístas, acredito que devemos prestar mais atenção ao nosso planeta. Porque vamos voltar. E todos gostaríamos de viver numa Terra saudável. A crença no renascimento exige mais preservação ambiental e climática.

Franz Alt: *Homens sábios de todas as culturas estavam convencidos da reencarnação. Por exemplo, o filósofo alemão Schopenhauer, no século XIX, ou Pitágoras, na Grécia Antiga, vinte anos antes de Buda. O padre da Igreja cristã Orígenes de Alexandria também tinha certeza da reencarnação. O mundo cristão ocidental de hoje é a única região do nosso planeta onde a reencarnação é oficialmente negada. Você, caro amigo, diz: "A espiritualidade é fundamental para a nossa sobrevivência". Poderia dar razões para essa afirmação?*

Dalai Lama: Muitas vezes eu disse que, de acordo com a tradição da cultura budista tibetana, todos os seres sencientes foram nossas mães. Toda a espiritualidade budista é caracterizada por essa compreensão. Todos os seres sencientes estão conectados por um vínculo maternal. Essa é a verdade básica do despertar, da iluminação e da tomada de consciência. Estamos todos interconectados no universo, e daí nasce a responsabilidade universal. Jesus conhecia a lei espiritual chamada de "carma" no budismo e falou sobre ela sem usar a palavra *carma*. É a lei espiritual de que "você colhe aquilo que planta". As coisas dependem inteiramente do seu esforço, da sua ação. As coisas, portanto, mudam por meio da ação e não da oração. Devemos agir para criar carma positivo. Carma positivo significa ação positiva.

4. Buda: "Nós somos o que pensamos"

Franz Alt: *O Buda disse: "Nós somos o que pensamos. Tudo o que somos advém dos nossos pensamentos. Nossos pensamentos moldam nosso mundo". Nos últimos anos, a adolescente sueca Greta Thunberg provou, com sua firme determinação, o que uma pessoa sozinha é capaz de realizar. Ela começou sua greve escolar no verão de 2018 e, numa sexta-feira, se sentou sozinha diante do Parlamento sueco, em Estocolmo. Em seu cartaz de protesto estava escrito: "Greve escolar pelo clima". Na sexta-feira seguinte, quatro alunos, meninas e meninos, estavam sentados ao lado dela. E depois, centenas de milhares a seguiram em mais de cem países: em 15 de março de 2019, foi 1,6 milhão; em 20 de setembro de 2019, mais de 6 milhões.*

A jovem discursou na Cúpula Mundial sobre o Clima na Polônia, se encontrou com o papa, foi nomeada para o Prêmio Nobel da Paz e, na Suécia, foi eleita "Mulher do Ano". A revista Time *a considera uma das cem pessoas mais influentes do mundo. Quando perguntada sobre por que está lutando pelo clima, ela responde: "Eu sei o que está em jogo: a sobrevivência da humanidade. E considero meu dever moral fazer tudo o que puder para evitar o pior. No início, tentei inspirar outras pessoas, mas ninguém quis se envolver, então comecei sozinha. Podemos conseguir muito se muitas pessoas se juntarem a nós". Ela também conta que já havia participado de muitas manifestações pelo clima antes, mas ninguém noticiou. Foi apenas quando teve a ideia de uma greve escolar e a colocou em prática que isso se tornou uma questão mundial. E, hoje, ela diz aos políticos: "Vamos fazer greve até vocês agirem. Juntos, vamos mudar o mundo". A adolescente tímida adoeceu porque não suportava mais as imagens de montanhas de plástico nos oceanos. A mãe dela disse: "Depois da doença, Greta enxerga coisas que outras pessoas não enxergam: o CO_2 de aviões e carros e usinas movidas a carvão. Ela vê que estamos transformando a atmosfera num gigantesco depósito de lixo invisível". Como budista, de que maneira você explica o efeito global de Greta hoje, algo que nenhum cientista poderia ter concebido?*

V. *O começo da Era Solar – O Sol triunfa* 61

Dalai Lama: Eu realmente aprecio os esforços de Greta Thunberg para aumentar a conscientização sobre a necessidade de ações diretas. Pessoas como ela são realistas. Devemos encorajá-las.

A motivação da jovem Greta de conscientizar as crianças em idade escolar sobre o aquecimento global é uma conquista notável. Apesar de ser muito jovem, seu senso da responsabilidade universal de agir é admirável. Eu apoio seu movimento Fridays for Future.

Acredito que cada indivíduo tem a responsabilidade de ajudar a guiar nossa família global na direção certa. O desejo de melhorar, por si só, não é suficiente; temos que assumir a responsabilidade. Grandes movimentos humanos surgem de iniciativas humanas individuais.

Os jovens do século XXI são a verdadeira humanidade do planeta agora. Eles têm a capacidade e a oportunidade de realizar mudanças, de promover um século de paz, diálogo e compaixão. Mesmo que a intensidade do aquecimento global esteja aumentando, eles podem trabalhar juntos no espírito de fraternidade para compartilhar e encontrar soluções. E são nossa verdadeira esperança.

As ideias podem ser transmitidas de cima para baixo, mas os movimentos que as colocam em prática têm que funcionar de baixo para cima. Portanto, me sinto encorajado ao ver esses jovens tentando promover mudanças positivas. E confiante, porque seus esforços são baseados na verdade e na razão – portanto, eles terão êxito.

Então, agora, a geração do século XXI, os jovens irmãos e irmãs devem assumir um papel mais ativo na proteção da ecologia e do nosso lar.

5. GRETA: "NOSSO LAR ESTÁ EM CHAMAS"

Franz Alt: *Greta e os milhares de estudantes e adolescentes que começaram a segui-la estão certos quando dizem a nós, os mais velhos: "Fazemos barulho por-*

*que vocês estão roubando nosso futuro"? Greta diz: "Nosso lar está em chamas".
Isso é um exagero?*

Dalai Lama: A jovem ativista pelo clima está certa. Cientistas e defensores do meio ambiente têm se esforçado de forma abnegada e incansável para criar um meio ambiente melhor para o mundo, para que as gerações futuras possam viver uma vida saudável e feliz. O Acordo de Paris de 2015 foi assinado por líderes de 196 países com o objetivo de combater as mudanças climáticas e fazer com que o aumento da temperatura fique "bem abaixo" de 2°C, e é uma fonte de esperança e encorajamento. Eles agora estão comprometidos com uma preservação climática mais eficaz. Se milhões de jovens, irmãos e irmãs, em todo o mundo entram em greve porque os políticos não tomam atitudes, isso é um sinal de que algo não está certo.

As mudanças climáticas não são preocupação de apenas uma ou duas nações. É um problema que afeta toda a humanidade. Este lindo planeta é a nossa única casa. Se, devido ao aquecimento global ou outros problemas ambientais, a Terra não conseguir mais se sustentar, não há outro planeta para onde possamos nos mudar e onde possamos viver. Precisamos tomar medidas sérias agora a fim de proteger nosso meio ambiente e encontrar soluções construtivas para o aquecimento global.

Franz Alt: *Como podemos motivar os políticos e os empresários a fazerem mais pelo meio ambiente e pelo clima do que fizeram até agora?*

Dalai Lama: Nos últimos anos, milhões de jovens protestaram, conclamando os políticos a agir para combater as mudanças climáticas. A educação ambiental deve ser prioridade máxima, uma vez que todos nos tornamos testemunhas da destruição do nosso ecossistema e de uma redução dramática da biodiversidade. Conscientizar as pessoas não é suficiente; precisamos encontrar uma maneira de implementar mudanças com convicção.

V. O começo da Era Solar – O Sol triunfa **63**

Precisamos pensar em termos globais, mas agir em termos locais. Isso deve ser colocado em prática até mesmo quando elegemos líderes políticos. Nossos padrões de votação também são uma questão ética. Hoje estamos testemunhando uma forte conexão entre política ambiental e eleições.

As pessoas elegeram um número maior de parlamentares verdes na Alemanha, Suíça, Finlândia, Bélgica, Holanda e no Parlamento Europeu. Esse é um forte indicativo de que a opinião pública e as ações podem mudar a mente dos políticos.

Por sorte, os jovens de hoje entendem a conexão entre política ambiental e eleições.

Franz Alt: *Qual é a sua reação ao que Greta Thunberg e jovens como ela estão fazendo? Você apoia jovens estudantes deixando de ir à escola e se posicionando como ativistas para exigir uma mudança radical?*

Dalai Lama: Eu escrevi uma carta para ela. Admiro muito o que está fazendo. Nós, os mais velhos, provavelmente continuaremos vivos na próxima década, ou nas próximas duas décadas. Mas a vida de jovens como ela pode se estender até o fim deste século, e eles terão que lidar com as mudanças que ocorrerem, quaisquer que sejam. Portanto, é legítimo que os estudantes e a geração mais jovem de hoje tenham sérias preocupações em relação à crise climática e seus efeitos sobre o meio ambiente. Eles estão sendo muito realistas. Devemos encorajá-los. Às vezes, pessoas mais velhas podem ter um estilo de vida mais materialista porque viveram grande parte da vida numa cultura mais materialista. Os mais jovens estão começando a sentir que falta algo nesse estilo de vida. Devemos encorajá-los.

Franz Alt: *Greta Thunberg é bastante realista em relação à política. Ela disse aos membros do Congresso dos Estados Unidos: "Não nos convidem para vir aqui apenas*

para nos dizer como somos inspiradores, mas sem fazer nada de concreto a respeito".
O que podemos fazer em relação às mudanças climáticas agora?

Dalai Lama: Bem, podemos fazer muito. Você é alemão. Depois de 1945, a história europeia mostrou que a paz é possível, mesmo que na Europa, no século passado, todos estivessem em guerra uns contra os outros. Tenho grande admiração pelo espírito da União Europeia, que preservou a paz entre seus membros. Nenhum país da União Europeia declarou guerra a outro. Setenta anos de paz! A União Europeia recebeu, merecidamente, o Prêmio Nobel da Paz em 2012. A política pode mudar, assim como as pessoas. A União Europeia é um projeto de paz admirável que me encoraja muito.

Toda crise cria oportunidades. Muitas pessoas vivenciam isso na vida privada. Da mesma maneira, as crises na política e na economia sempre criam oportunidades. Somos sempre a mesma pessoa – em todos os âmbitos.

VI. As montanhas daqui estão tão carecas quanto a cabeça de um monge

1. Plantar árvores

Franz Alt: *Como monge budista, você também recorre ao poder do pensamento, como já mencionado. Os pensamentos e sua energia têm um alcance ainda maior no nível espiritual. Os pensamentos são energias que se formam em nossa mente. Nossas energias positivas podem ter um impacto positivo; e pensamentos negativos, é claro, podem ter um efeito negativo. O que o pensamento budista pode fazer para promover uma preservação climática melhor e mais ampla?*

Ao olhar para o Himalaia do seu exílio, eu me lembro de uma de suas frases: "As montanhas do Himalaia estão tão carecas quanto a cabeça de um monge". [O Dalai Lama ri e coça a careca.] Trinta anos atrás, na televisão alemã, eu já havia mostrado o desmatamento brutal promovido pelos chineses nas florestas tibetanas. Como podemos deter a destruição ambiental e como o clima ainda pode ser salvo?

Dalai Lama: Somente quando compreendermos que nossa Terra é como uma mãe, a Mãe Terra, vamos realmente cuidar dela. Nós, tibetanos, como os antigos povos indianos, compreendemos essa interdependência: terra saudável, animais saudáveis, plantas saudáveis, florestas saudáveis, água saudável, pessoas saudáveis. A Mãe Terra alerta: "Meus filhos estão se comportando mal"; ela está nos alertando para o fato de que há limites para nossas ações.

Hoje estamos consumindo uma quantidade de carvão, gás, petróleo e gasolina por dia que a natureza levou 1 milhão de anos para formar. Essa é a causa do aquecimento global. Como monge budista tibetano, estou comprometido com a moderação em nossos padrões de consumo. Uma vida responsável é uma vida simples e plena de satisfação. Precisamos aprender a cooperar, trabalhar e conviver com a natureza, não contra ela.

Franz Alt: *A China derrubou 85% das árvores do Tibete, privando o país de sua força vital. Por que os chineses desmataram as florestas do Tibete e quais são as consequências para o seu país natal?*

Dalai Lama: Quando as florestas do Tibete morrem, uma nação inteira sofre. E quando um povo sofre, o mundo inteiro sofre. Também precisamos de florestas para nossa saúde. Quando saímos para uma caminhada em meio às árvores, o ar fresco é curativo. Precisamos de florestas verdes, que são uma grande dádiva da natureza. As florestas fazem bem à nossa alma. Na floresta encontramos a tranquilidade de que nosso cérebro necessita para se regenerar. As florestas são reservatórios de água, lar de muitas espécies de animais e plantas e um importante filtro de ar. Elas são um espelho da diversidade da vida.

O desmatamento em larga escala no Tibete é motivo de grande tristeza. Não é triste apenas para aquela região, que perdeu sua beleza, mas para a população local. De acordo com especialistas, o desmatamento do Planalto Tibetano vai mudar a quantidade de luz refletida pela neve para o espaço [as áreas de floresta absorvem mais radiação solar], e isso afeta as monções não apenas no Tibete, mas em todas as áreas vizinhas. Por essa razão, torna-se ainda mais importante conservar o meio ambiente do Tibete.

A destruição ambiental no Tibete mostra claramente que a ideologia comunista chinesa carece daquilo que, em nossa cultura tibetana, chamamos de interdependência ou responsabilidade universal. Isso também me surpreende porque os comunistas gostam de cantar "A Internacional" [*novamente rindo*], que fala de uma luta comum, de todos. Hoje, nenhuma nação pode resolver seus problemas sozinha.

VI. As montanhas daqui estão tão carecas quanto a cabeça de um monge 69

Franz Alt: *Passando de um polo ao outro, caro amigo. Nos Estados Unidos, o presidente Trump governa de acordo com os lemas "A América em primeiro lugar" e "Tornar a América grande outra vez". Esses lemas ainda são cabíveis em tempos de globalização?*

Dalai Lama: Quando diz: "A América em primeiro lugar", o presidente deixa seus eleitores felizes. Eu consigo compreender isso, mas de um ponto de vista global, essa afirmação não tem relevância. No mundo global de hoje, tudo está interconectado. O futuro da América também depende da Europa, e o futuro da Europa também depende dos países asiáticos. A nova realidade significa que tudo está relacionado a tudo. Os Estados Unidos são os líderes do mundo livre. É por isso que o presidente dos Estados Unidos deveria pensar mais sobre as questões de âmbito global.

Franz Alt: *O lema contemporâneo não deveria ser: "Tornar o planeta grande outra vez"?*

Dalai Lama: É claro! Os Estados Unidos ainda são muito poderosos. O lema dos ancestrais dos norte-americanos era paz, liberdade e democracia. Os sistemas totalitários não têm futuro. Como potência dominante, os Estados Unidos deveriam estabelecer uma aliança estreita com a Europa. Sou um admirador da União Europeia. A União Europeia é um grande e exemplar projeto de paz. Infelizmente, o presidente Trump anunciou a retirada dos Estados Unidos do Acordo de Paris. Ele pode ter seus motivos, mas eu não os apoio. A União Europeia também precisa se tornar um modelo a ser seguido em termos de preservação do clima. Todos devemos nos tornar defensores do clima. No entanto, não vamos atingir esse objetivo por meio do egoísmo e do nacionalismo, e sim por meio da promoção de um senso de unidade da humanidade.

Franz Alt: *Você sugere plantar árvores para o futuro e para a paz. Por que isso é tão importante?*

Dalai Lama: As árvores têm sido nossas companheiras ao longo da história e continuam sendo importantes até hoje. Elas purificam o ar para os seres vivos respirarem. Sua sombra proporciona um local refrescante para descansar, e a própria árvore serve de local para insetos e pássaros viverem. Elas contribuem para as chuvas oportunas, que nutrem as plantações e os rebanhos e equilibram o clima. Criam uma paisagem atrativa, agradável aos olhos e calmante para a mente, e reabastecem continuamente o ambiente ao seu redor. Com a gestão adequada, também constituem uma fonte de prosperidade econômica.

No contexto do budismo, as árvores são mencionadas com frequência nos relatos dos principais acontecimentos da vida de Buda. Ele nasceu quando sua mãe se encostou numa árvore para se apoiar. Alcançou a iluminação sentado sob uma árvore e, por fim, morreu tendo duas árvores acima, como testemunhas. De acordo com o código de disciplina monástica, monges plenamente ordenados são orientados não apenas a evitar cortar árvores ou grama, mas também a plantá-las e cuidar delas.

Portanto, é do nosso interesse plantar árvores e plantas em torno dos lugares onde vivemos, trabalhamos e estudamos, bem como em torno de hospitais e ao longo de caminhos e estradas.

Nos mosteiros tibetanos no Tibete e na Índia, temos cultivado plantações de árvores nas últimas décadas. Isso envolve a ação de servir aos outros e de criar um ambiente melhor e um lugar mais feliz. [Leia "O poema da árvore", do Dalai Lama, na Parte VII deste livro.] E, para realmente desenvolver um senso de responsabilidade pela comunidade, é preciso primeiro se sentir responsável por sua própria casa ou lar.

O anseio pela natureza e pelo verde está enraizado em nós. Os seres humanos amam tanto o verde que plantam cada vez mais árvores nas cidades e vilas, até nos telhados. Quando você passa um tempo na floresta e ouve o canto dos pássaros, se sente bem. O poder de cura das florestas está se tornando cada vez mais importante. Quando estamos cercados de

VI. As montanhas daqui estão tão carecas quanto a cabeça de um monge   71

coisas artificiais, é mais difícil ficar em paz. É como se começássemos a nos tornar artificiais; desenvolvemos hipocrisia, suspeita e desconfiança. Nesse estado, é difícil cultivar uma amizade genuína e afetuosa. Todos sentimos a necessidade de estarmos rodeados de vida. Precisamos de vida crescendo, florescendo e vicejando ao nosso redor. Porque, como animais sociais, também queremos crescer, florescer e vicejar. Todos amamos a nossa tecnologia. Mas a nossa relação com as plantas e a natureza é intrinsecamente muito antiga e profunda. A ética budista abrange toda vida, não apenas a humana, mas também a animal e a vegetal.

Franz Alt: *A destruição do meio ambiente agora também atingiu as montanhas tibetanas. No Ocidente, muitas pessoas ainda sonham com o Tibete como um paraíso, um Shangri-la. O Tibete ainda é um paraíso?*

Dalai Lama: O que os chineses fizeram no telhado do mundo depois de 1959, especialmente durante a Revolução Cultural, foi um genocídio cultural. O que fico sabendo hoje por meio dos refugiados tibetanos com quem tenho contato em meu exílio em Dharamsala me faz temer que meu país natal seja o oposto de um paraíso. Mas acho admirável como a grande maioria dos tibetanos, setenta anos após a ocupação, ainda cultiva sua religião, língua e cultura e o respeito ao meio ambiente, embora haja mais chineses do que tibetanos vivendo hoje em Lhasa, a capital do Tibete. Os chineses nos reduziram a uma minoria em nosso próprio país.

Franz Alt: *Você acha que vai alcançar seu objetivo de um dia voltar ao Tibete?*

Dalai Lama: A China é uma grande nação, uma nação antiga, mas seu sistema político é um sistema totalitário, sem liberdade. Ficarei feliz em morar na Índia pelo resto da vida. Posso viver neste país e usufruir da liberdade indiana para cumprir meus compromissos relacionados com a promoção dos valores humanos, da harmonia religiosa, da proteção da cultura e do meio ambiente tibetanos e do renascimento da antiga sabedoria indiana.

Franz Alt: *Se o Buda retornasse ao nosso mundo e se filiasse a um partido político, ele certamente seria verde, você diz. O que o faz ter tanta certeza?*

Dalai Lama: O Buda e nós, os budistas, temos profundo respeito pela natureza e pela evolução. Sabemos que a natureza não precisa de nós, humanos, mas que nós precisamos dela. Diante da exploração global da natureza hoje, eu penso: sem os humanos, a Terra estaria melhor [*rindo de novo*].

Franz Alt: *Qual partido político você apoiaria?*

Dalai Lama: Não hesito em apoiar iniciativas relacionadas com a proteção do meio ambiente. Na Europa, eu votaria no Partido Verde, porque as ameaças ao meio ambiente são uma questão de nossa sobrevivência. Este lindo planeta azul é a nossa única casa. Ele fornece um hábitat para comunidades únicas e diversas. Cuidar do nosso planeta é cuidar da nossa própria casa.

2. A ÉTICA É MAIS IMPORTANTE QUE A RELIGIÃO

Franz Alt: *Então você votaria no Partido Verde, se vivesse numa democracia ocidental. Por quê?*

Dalai Lama: Porque eles representam uma filosofia amiga da natureza semelhante à que nós, budistas, cultivamos. Há mais de mil anos, a natureza é sagrada para nós, tibetanos. No alto planalto do Himalaia, onde vivemos, procuramos, no espírito do budismo, viver em paz com a natureza, protegidos por nossas montanhas, sem violência e em compaixão com todos os seres vivos. A

VI. As montanhas daqui estão tão carecas quanto a cabeça de um monge 73

natureza é sagrada para nós. A natureza é nosso verdadeiro lar. Nós, humanos, viemos da natureza. Podemos viver sem religião, mas não sem a natureza. Portanto, digo que a ética ambiental é mais importante que a religião. Se continuarmos a destruir a natureza como estamos fazendo, não vamos sobreviver.

Essa é uma lei da natureza que precisamos aceitar. A humanidade sofrerá terrivelmente se não aprendermos isto: um meio ambiente limpo é um direito humano como qualquer outro. É nossa responsabilidade para com todos os seres sencientes garantir que deixemos para nossos filhos e netos um mundo pelo menos tão intacto quanto o que encontramos ao nascer. Há limites para o que podemos fazer, mas não há limites para nossa responsabilidade universal.

Franz Alt: *O que você faz pelo meio ambiente e pelo clima?*

Dalai Lama: Também no âmbito pessoal e familiar, precisamos desenvolver uma consciência muito mais clara de nossas ações e suas consequências, como nossa forma de utilizar a água ou descartar o lixo, de modo que cuidar do meio ambiente e limitar os danos a ele se torne uma parte corriqueira do nosso estilo de vida. Essa é a maneira correta de se comportar, e isso só pode ser alcançado por meio da educação.

Eu apago a luz ao sair do meu quarto. Tomo banho de chuveiro em vez de banho de banheira. Como pouca carne. Incentivo outras pessoas a fazerem o mesmo. Devemos pensar em termos globais, mas agir em termos locais. Isso deve se aplicar até mesmo ao eleger líderes políticos. Nossos padrões de votação também são uma questão ética. Todos deveríamos votar nos verdadeiros ambientalistas. Por sorte, alguns jovens hoje em dia já entendem a conexão entre política ambiental e eleições.

Como alguém que nasceu no Tibete, o telhado do mundo, onde nascem os grandes rios da Ásia e onde estão os picos mais altos da Terra, eu amo a natureza desde a infância. Fiz da preservação ambiental um dos

74 A NOSSA ÚNICA CASA

meus compromissos de vida e defendo a preservação do meio ambiente aonde quer que vá.

Honro minha promessa ao sr. Sunderlal Bahuguna, um ambientalista indiano, de falar sobre a preservação do meio ambiente. Quando viajo para a região trans-Himalaia, de Ladakh a Arunachal Pradesh, na Índia, exorto as pessoas de lá a plantarem árvores para evitar que suas terras fiquem estéreis no futuro. As árvores tornam a paisagem verde e trazem paz e felicidade para o nosso dia a dia.

3. O VEGETARIANISMO AJUDA O CLIMA

Franz Alt: *Em 1965, você se tornou vegetariano. Continua sendo vegetariano? E por quê?*

Dalai Lama: Em 1965, eu me tornei totalmente vegetariano – não comia ovos, nada. Mas, ao mesmo tempo, passei a comer muito creme e nozes e, vinte meses depois, tive problemas na vesícula biliar e icterícia. Minha pele, meus olhos, minhas unhas – tudo – ficaram amarelos. Meus médicos me aconselharam a voltar à minha dieta original. Eu deveria voltar a comer carne, o que faço uma ou duas vezes por semana. Então, sou um pouco contraditório, pois digo às pessoas para serem vegetarianas, mas eu mesmo não sou.

Ainda assim, desde o início, desde a época em que ainda vivia no Tibete, trabalhei muito para promover o vegetarianismo na sociedade tibetana. No fim da década de 1940, toda a comida servida durante os festivais oficiais do Tibete costumava ser vegetariana. Até campanhas de promoção do vegetarianismo foram lançadas nas comunidades. Na Índia, a maioria das cozinhas das instituições monásticas tibetanas agora serve apenas comida vegetariana para seus monges e monjas.

VI. As montanhas daqui estão tão carecas quanto a cabeça de um monge   75

Franz Alt: *O consumo mundial de carne está aumentando, o que significa que mais e mais bilhões de animais precisam ser mortos. O que o budismo pensa sobre isso?*

Dalai Lama: O budismo não proíbe o consumo de carne. Mas é uma questão de como e quanto. O budismo diz que nenhum animal deve ser morto para ser comido, de forma que nossa atitude em relação à carne é bastante curiosa: os budistas tibetanos podem comprar carne, mas não devem matar animais.

O que considero particularmente preocupante é a criação de animais em confinamento. Nós, humanos, podemos viver em grande parte sem ou com pouca carne. E, acima de tudo, sem sofrimento animal – em particular em nosso mundo moderno, onde temos muitas alternativas, especialmente frutas e vegetais. Hoje há até mesmo carne feita de vegetais como ervilha, beterraba, batata e coco.

A criação de animais em confinamento tem consequências graves não apenas para os animais, mas também para a saúde do homem, para o solo, os insetos e o ar.

4. Os budistas desaprovam matar por esporte

Franz Alt: *O que você chama de "curioso" é também a atitude da maioria dos cristãos ocidentais em relação à carne. Eu também sou apenas 85% vegetariano. Meu médico recomenda comer carne ou peixe uma vez por semana, por motivos de saúde. Se tivéssemos de abater os animais que comemos, a maioria de nós provavelmente seria estritamente vegetariana. Isso também é curioso.*

No mundo, o consumo de carne e a criação de animais produzem quase a mesma quantidade de gases do efeito estufa que carros, aviões, trens e navios juntos. Além disso, o médico ambientalista e professor Hans-Peter Hüttner, da Universidade de Medicina de Viena, afirma: "A carne desempenha um papel crucial no desenvolvimento do câncer de intestino e de doenças circulatórias. O consumo moderado de carne reduz significativamente o risco de doenças, é benéfico para o meio ambiente e o clima e realmente não faz mal. Uma situação vantajosa em todos os sentidos". O que eu como afeta a todos nós. O que você acha da caça e da pesca como esporte?

Dalai Lama: Nós, budistas, desaprovamos matar por esporte. Eu apoio os grupos e as pessoas que lutam pelos direitos e pelo bem-estar dos animais em todo o mundo. É triste que milhões e bilhões de animais sejam mortos para consumo humano.

Certa vez, visitei uma fazenda de criação de aves no Japão onde havia 200 mil galinhas. Eram mantidas durante dois anos em pequenas gaiolas apenas para produzir ovos. Depois disso, eram vendidas para abate. Era chocante. Precisamos apoiar as pessoas que lutam contra esses negócios indignos e o sofrimento dos animais. Também é muito perigoso e estúpido da nossa parte simplesmente suprimir e esquecer o sofrimento animal. O que estamos fazendo com os animais hoje também pode acontecer conosco. Talvez um dia nos ajoelhemos e peçamos perdão aos animais. Também desaprovo a forma como mecanizamos a agricultura atualmente.

Nunca devemos esquecer o sofrimento que infligimos a outros seres sencientes. Estou pensando em alguns açougueiros tibetanos e pescadores japoneses que pedem perdão aos animais que matam e oram por eles.

Franz Alt: *Você acha que o consumo mundial de carne pode voltar a diminuir? Como isso pode ser feito?*

Dalai Lama: Em alguns países, isso já acontece. Encontro jovens em todos os lugares que buscam alternativas ao consumo brutal de carne. Há uma nova marca nos Estados Unidos que não utiliza carne e se chama Beyond Meat [Além da carne]. Muitos consumidores querem reduzir o consumo de

VI. As montanhas daqui estão tão carecas quanto a cabeça de um monge 77

carne para proteger o meio ambiente, mas também para aliviar o sofrimento animal causado pela pecuária intensiva. Agora existem até "hambúrgueres" vegetarianos [*risos*].

Franz Alt: *Mas isso significa que nós, ocidentais, teríamos que aprender a nos desapegar pelo menos um pouco? O desapego é o cerne de uma justiça ambiental mais ampla?*

Dalai Lama: Sim, pode-se dizer que sim. Abandonar o excesso é o cerne do crescimento espiritual. Imagine tudo que poderíamos realizar se os Estados Unidos reduzissem pela metade seu orçamento militar. Seriam mais de US$300 bilhões a cada ano voltados para projetos ambientais como a transição para a energia solar ou a superação da fome em países pobres. Defendendo o futuro em vez de uma modernização militar perigosa. Esse realmente poderia ser o começo e a energia de uma era ecológica. "Desapegar" significaria libertação.

Franz Alt: *Leon Tolstói disse: "Enquanto houver matadouros, haverá campos de batalha". Você concorda com isso? Também vê essa conexão entre a pecuária intensiva e a violência entre as pessoas?*

Dalai Lama: Essa conexão existe. Em todas as religiões conhecemos esta lei espiritual: "Você colhe aquilo que planta". Por natureza, temos inibições interiores que nos impedem de matar. Acima de tudo, sentimos que não é certo infligir sofrimento a outros seres sencientes. Se permitirmos que nossa consciência seja brutalizada matando animais, ela também será brutalizada a ponto de matar pessoas.

Franz Alt: *Você diz que "quem muda muda o mundo". As sociedades ocidentais se preocupam principalmente com as gerações de hoje. As gerações anteriores não existem* mais. *E as futuras não existem ainda. E no Ocidente apenas uma minoria acredita no renascimento. Então, que chances a preservação ambiental e climática tem nesse contexto?*

Dalai Lama: Como eu já disse: a crença na reencarnação pode ajudar a proteger o meio ambiente. Não devemos deixar os jovens sozinhos na luta por um bom ambiente e um bom clima. É importante nos manifestarmos, divulgarmos e sermos solidários com os jovens em todo o mundo. Tudo e todos devem mudar se quisermos viver num clima que seja compatível com a vida. Nossa geração causou danos ao clima, então também temos o dever de ajudar a salvá-lo.

Franz Alt: *Temos assistido a centenas de milhares de jovens se manifestando em mais de cem países por uma preservação melhor e mais ampla do clima. Esses jovens manifestantes lhe dão esperança?*

Dalai Lama: Os membros da geração mais jovem, a quem pertence o século XXI, têm responsabilidades importantes: precisam aprender com os erros do passado e corrigi-los, além de garantir que esses erros não se repitam. A geração mais jovem, que herdará esta Terra, tem a capacidade e a oportunidade de agir e criar um mundo mais compassivo. O século XX vivenciou uma destruição e um sofrimento humano imensos e danos ambientais sem precedentes. Eu os exorto a fazer do século XXI um século de diálogo e de compaixão, inclusive na questão do meio ambiente. Precisamos de uma revolução de compaixão baseada na bondade, num senso de preocupação com o bem-estar alheio e respeito pelos direitos dos outros.

Franz Alt: *Sua Santidade, querido amigo. Agradeço cordialmente por essas reflexões que trocamos já há décadas. Elas vão ajudar muitas pessoas a compreender que nosso século XXI deve se tornar aquele em que a humanidade globalizada vai encontrar os caminhos para a responsabilidade universal. Aprendi com você que cada um de nós* *pode e deve assumir seu próprio quinhão de responsabilidade universal se quisermos um mundo melhor. Paz interior, amor e compaixão são as energias mais importantes, que também levarão à paz externa. E à paz com a natureza.*

Toda vez que eu e o Dalai Lama nos despedimos, ele coloca em torno do meu pescoço um *kata*, um lenço de boas-vindas feito de seda branca com o tradicional sinal de boa sorte. Então toma minha cabeça entre as mãos, tocando testa e nariz nos meus, em sinal de amizade, e nos abraçamos por um longo tempo, sentindo que o amor e a paz entre nós, humanos, são possíveis. É o espírito que fortalece a paz, a justiça e a amizade.

VII. A ÁRVORE PROTETORA DA INTERDEPENDÊNCIA — AS REFLEXÕES DE UM MONGE BUDISTA SOBRE RESPONSABILIDADE ECOLÓGICA

"O poema da árvore" foi publicado por ocasião da entrega, por Sua Santidade, o Dalai Lama, de uma estátua do Buda ao povo da Índia e para marcar o início da Conferência Internacional sobre Responsabilidade Ecológica: Um Diálogo com o Budismo, em 2 de outubro de 1993, em Nova Délhi. O livreto contendo o poema, em tibetano e em inglês, é distribuído pela Tibet House, de Nova Délhi. Há também a breve introdução que transcrevo a seguir:

Durante minhas extensas viagens a países de todo o mundo, ricos e pobres, no Oriente e no Ocidente, vi pessoas usufruindo de prazeres e pessoas sofrendo. Os avanços da ciência e da tecnologia parecem ter alcançado pouco mais do que uma melhoria linear e numérica: o desenvolvimento com frequência significa pouco além de mais mansões em mais cidades. Como resultado, o equilíbrio ecológico – a base de nossa vida na Terra – foi muito afetado.

Por outro lado, em tempos passados, o povo do Tibete vivia uma vida feliz, sem problemas de poluição, em condições naturais. Hoje, em todo o mundo, inclusive no Tibete, a degradação ecológica está rapidamente nos atingindo. Estou totalmente convencido de que, se todos nós não fizermos um esforço conjunto, com um senso de responsabilidade universal, veremos o colapso gradual dos frágeis ecossistemas que nos sustentam, resultando na degradação irreversível e irrevogável de nosso planeta.

Estas estrofes foram compostas para frisar minha profunda preocupação e para instar todas as pessoas que também se preocupam a fazerem esforços contínuos no sentido de reverter e remediar a degradação de nosso meio ambiente.

1. Ó Senhor Tathagata,
Nascido da árvore Iksvakus,
Único e inigualável
Que, vendo a natureza onipresente
Da interdependência
Do meio ambiente com os seres sencientes,
Samsara e Nirvana,
Móveis e imóveis,
Ensina o mundo por compaixão,
Concede-nos a tua benevolência.

2. Ó Salvador,
Aquele chamado Avalokitesvara,
Que personifica o corpo da compaixão
De todos os Budas,
Nós imploramos que faça nosso espírito amadurecer
E frutificar para observarmos a realidade
Livres da ilusão.

3. Nosso obstinado egocentrismo,
Arraigado em nossa mente
Desde os tempos sem início,
Contamina, profana e polui
O meio ambiente
Criado pelo carma comum
De todos os seres sencientes.

4. Lagos e lagoas perderam
A limpidez e o frescor,
A atmosfera está envenenada,

O dossel celestial da natureza no firmamento incandescente
Explodiu em pedaços
E os seres sencientes sofrem com doenças
Antes desconhecidas.

5. Montanhas de neve perene resplandecentes em sua glória
Sucumbem e se transformam em água.
Os majestosos oceanos perdem seu equilíbrio atemporal
E inundam ilhas.

6. Os perigos do fogo, da água e do vento são ilimitados.
O calor sufocante seca nossas exuberantes florestas,
Castigando nosso mundo com tempestades sem precedentes,
E os oceanos entregam seu sal aos elementos.

7. Embora não careçam de riqueza,
As pessoas não conseguem dispor de ar puro.
Chuvas e riachos não purificam,
Mas permanecem líquidos inertes e impotentes.

8. Seres humanos
E os incontáveis seres
Que habitam água e terra
Cambaleamos sob o jugo da dor física
Causada por doenças maléficas.
Nossa mente está entorpecida
Pela preguiça, pelo estupor e pela ignorância.
As alegrias do corpo e do espírito
Estão longe, muito longe.

9. Nós poluímos desnecessariamente
O belo seio de nossa mãe Terra,
Arrancamos suas árvores para alimentar nossa ganância estúpida,
Transformando nossa terra fértil num deserto estéril.

10. A natureza interdependente
Do ambiente externo
E da natureza interna das pessoas,
Descrita nos tantras,
Em obras sobre medicina e astronomia,
Foi deveras justificada
Por nossa experiência atual.

11. A Terra é o lar de seres vivos,
Igual e imparcial aos móveis e imóveis,
Assim falou o Buda com voz sincera,
Tendo a grande Terra por testemunha.

12. Assim como um ser nobre reconhece a bondade
De uma mãe senciente
E a recompensa por isso,
Também a Terra, a mãe universal,
Que nutre igualmente,
Deve ser encarada com carinho e cuidado.

13. Abandonemos o desperdício,
Não poluamos a natureza límpida e clara
Dos quatro elementos,
Destruindo o bem-estar das pessoas,
Mas nos dediquemos a ações

VII. *A árvore protetora da interdependência*   87

Que sejam benéficas para todos.

14. Debaixo de uma árvore o grande Buda Saga nasceu.
Debaixo de uma árvore, superou a paixão
E atingiu a iluminação.
Sob duas árvores, passou ao Nirvana.
Em verdade, o Buda tinha a árvore em grande estima.

15. Este local, onde a emanação de Manjushri
O corpo do lama Tsongkhapa fez florescer,
É marcado por uma árvore de sândalo,
Contendo cem mil imagens do Buda.

16. Não é plenamente sabido
Que algumas divindades transcendentais,
Divindades locais eminentes e espíritos
Fazem morada nas árvores?

17. Árvores florescentes limpam o vento,
Ajudam-nos a respirar o ar que sustenta a vida.
Elas agradam os olhos e acalmam a mente,
Sua sombra é um lugar de descanso acolhedor.

18. No Vinaya, o Buda ensinou os monges
a cuidar de árvores jovens.
Com isso, aprendemos a virtude
De plantar e cultivar árvores.

19. O Buda proibiu os monges de cortar
E fazer com que outros cortem plantas vivas,

De destruir sementes e profanar a grama verdejante.
Isso não deveria nos inspirar
A amar e proteger o meio ambiente?

20. Dizem que nos reinos celestiais
As árvores emanam
As bênçãos do Buda
E ecoam o som
De preceitos budistas básicos
Como a impermanência.

21. São as árvores que trazem a chuva,
São as árvores que preservam a essência do solo.
Kalpa-Taru, a árvore da realização dos desejos,
Reside virtualmente na Terra
Para servir a todos os propósitos.

22. Nos tempos antigos,
Nossos antepassados comiam os frutos das árvores,
Vestiam suas folhas,
Descobriram o fogo por meio do atrito da madeira
E refugiavam-se em meio às folhagens das árvores
Quando diante do perigo.

23. Mesmo nesta era da ciência
E da tecnologia,
As árvores nos fornecem abrigo,
As cadeiras nas quais nos sentamos,
As camas nas quais nos deitamos.
Quando o coração é consumido

VII. A árvore protetora da interdependência 89

Pelo fogo da raiva,
Alimentado por disputas,
As árvores proporcionam um frescor revitalizante e bem-vindo.

24. Nas árvores jazem os bramidos
De toda a vida na Terra.
Quando elas desaparecerem,
A terra exemplificada
Pelo nome da árvore do jambo,
Será não mais que um deserto desolador e sombrio.

25. Nada é mais caro aos vivos do que a vida.
Reconhecendo isso, nas leis do Vinaya,
O Buda estabelece proibições
Como o uso de água com criaturas vivas.

26. Nos recônditos do Himalaia,
Nos dias passados, a terra do Tibete
Observava a proibição da caça, da pesca
E, durante os períodos designados, até mesmo da construção.
Essas tradições são nobres, pois preservam e valorizam
A vida dos humildes, criaturas impotentes e indefesas.

27. Brincar com a vida de outros seres
Sem sensibilidade ou hesitação,
Como no ato de caçar ou pescar por esporte,
É um ato de violência insensato e desnecessário.
Uma violação dos direitos solenes
De todos os seres vivos.

28. Estar atento à natureza,
À interdependência de todas as criaturas
Animadas e inanimadas.
Nunca devemos abrandar nossos esforços
Para preservar e conservar a energia da natureza.

29. Num determinado dia, mês e ano,
Devemos observar a cerimônia de plantio de árvores.
Assim, cumprimos nossas responsabilidades
E servimos nossos semelhantes,
O que não só traz felicidade,
Mas beneficia a todos.

30. Que a força de observar o que é certo
E a abstinência de práticas erradas e más ações
Alimente e aumente a prosperidade do mundo,
Que revigore os seres vivos e os ajude a florescer.
Que a alegria silvestre e a felicidade imaculada
Aumentem, se espalhem e envolvam tudo o que existe.

VIII. Por uma Era Solar – Epílogo de Franz Alt

1. Reconciliando economia e ecologia

As mudanças climáticas não estão distantes – na verdade, já estão aqui. Temos que enfrentar a realidade, que pode ser difícil, mas não é irremediável. Desde o Iluminismo, cerca de trezentos anos atrás, e a "desidealização" do mundo, a filosofia não é mais "serva da teologia" (*"ancilla theologiae"*) e nosso modelo cultural ocidental é baseado no conhecimento científico – pelo menos é o que achamos.

Então por que cientistas de todo o mundo vêm nos alertando há décadas sobre as mudanças climáticas sem que os políticos e a sociedade lhes deem ouvidos, muito menos promovam as ações necessárias? Por que o Iluminismo do passado não é suficiente para garantir nossa salvação? Para prevenir o pior, precisamos de um novo Iluminismo, um segundo Iluminismo, mais profundo, uma "iluminação" do Iluminismo.

Neste livro, o Dalai Lama demonstra de forma muito clara que a crise ambiental de hoje é a crise do nosso mundo interior.

Achamos que sabemos o que estamos fazendo. Mas, na verdade, não estamos fazendo o que sabemos. A ideia de que o racionalismo sozinho vai nos salvar é bastante irracional. A razão por si só não vai trazer o homem à razão. Adoramos suprimir essa verdade. Há aqueles, entretanto, que estão totalmente cientes do que estão fazendo.

E muitos temem as mudanças necessárias. É verdade que às vezes os políticos optam por mudanças necessárias movidos pelo medo. A proibição dos clorofluorcarbonetos resultou do medo do câncer de pele. A introdução do conversor catalítico de três vias nos carros alemães resultou do medo de as florestas morrerem.

Os lobistas da indústria energética convencional simplesmente têm medo de perder seus benefícios. Os políticos também sabem de sua dependência da ganância das grandes empresas, e muitas pessoas viajam de avião ou de carro e adoecem por causa do excesso de carne, embora saibam o que estão fazendo a si mesmas, ao meio ambiente e ao futuro de seus filhos. Os humanos são realmente capazes de mudar essa realidade? O Iluminismo clássico e puramente racionalista é suficiente para nós?

Conservadores e religiosos confiam na sabedoria da natureza há milênios, mas essa confiança está sendo abalada em tempos de aquecimento global e extinção de espécies. A Mãe Natureza não coopera mais, está revoltada; está com febre e em greve. Estamos prestes a perder nossa parceira e confidente: a natureza, fonte de nossa riqueza e felicidade. Mas primeiro deveríamos ao menos entender que não queremos salvar o clima propriamente dito, mas – de forma um tanto egoísta – nós mesmos.

E agora, por meio de um segundo Iluminismo, precisamos obter êxito em formular um pensamento que combine religião e filosofia, natureza e razão, liberdade e responsabilidade. Isso é o que chamamos de ecoespiritualidade neste livro. Aqui, o Dalai Lama também fala da educação do coração. Se não compreendermos essa interdependência, nossa liberdade logo terminará em escravidão. O aquecimento global já está cerceando a liberdade, por exemplo, para os refugiados ou agricultores que estão perdendo suas terras para o deserto, ou para os idosos que morreram na Europa durante os verões escaldantes de 2003 e 2018. Só em 2003, de acordo com estatísticas da União Europeia, cerca de 60 mil pessoas morreram por causa do calor na Europa. Na Índia, onde as temperaturas atingiram insuportáveis 50°C, centenas de milhares de idosos morreram por causa do superaquecimento. É absolutamente surpreendente ver como é difícil, sobretudo para os conservadores, entender essas correlações, embora ajudar a preservar a criação devesse ser sua tarefa central. Ah, como eu gostaria que os conservadores fossem realmente conservadores!

Depois do Iluminismo, muitos intelectuais acreditavam que seríamos capazes de nos emancipar não apenas de nossa imaturidade autoinfligida, mas também da natureza. Em apenas trezentos anos, roubamos da natureza recursos que ela levou 300 milhões de anos para reunir, poluímos o ar e enchemos os buracos gigantescos que fizemos com uma quantidade gigantesca de lixo. Os economistas de hoje chamam isso de progresso. E agora?

2. Não há matéria

Durante trezentos anos, os economistas acreditaram que o dinheiro era a base de toda a economia. A natureza, no entanto, é a base de uma economia merecedora desse nome. Economizar em solo morto faz pouco sentido e não requer nenhum emprego.

Economia e ecologia derivam do grego *oikos*, que significa casa, família. As duas palavras têm a mesma base. O poder do dinheiro é a principal doença do nosso tempo. "A tentativa de separar os números dos valores resulta no domínio total dos números", escreve Christian Felber, economista austríaco, autor e fundador da "economia do bem-estar". E: "Separar a economia da ecologia é um dos maiores pecados cometidos pelos economistas".

Mais dinheiro não torna o mundo mais rico. Nos últimos cinquenta anos, provocamos o tipo mais brutal de pobreza, exterminando cerca de metade das espécies de animais e plantas. Mais dinheiro, mas menos riqueza de vida: ao contrário dessa economia maluca, a teologia é quase uma ciência exata. Os economistas de hoje precisam aprender a colocar sua ciência num contexto holístico mais amplo. O papa Francisco diz: "Tudo está relacionado com tudo: os pobres e a natureza clamam por ajuda".

Joachim Schellnhuber, físico e climatologista, chegou a uma conclusão semelhante e a resume: "Conversar com um economista é a punição máxima para um físico".

Não haverá futuro se não aprendermos agora a evitar os maiores erros do passado. Só então vamos chegar ao mundo real. Ou à ordem divina.

Na linguagem religiosa, de acordo com o Evangelho de João, Deus é idêntico ao espírito. Com isso em mente, o ganhador do Prêmio Nobel Max Planck afirmou: "Como físico, ou seja, como alguém que dedicou toda a vida à ciência mais lúcida, ao estudo da matéria, certamente não serei considerado um sonhador. Como resultado de minha pesquisa sobre átomos, posso dizer o seguinte: não existe matéria propriamente dita. Toda matéria se origina e existe apenas em virtude de uma força que faz a partícula de um átomo vibrar e mantém unido o minúsculo sistema solar do átomo. Devemos supor que, por trás dessa força, existe uma Mente consciente e inteligente. Não é a matéria visível, embora transitória, que é real e verdadeira, mas sim o espírito invisível e imortal. Como não pode haver uma mente como essa e como toda mente pertence a um ser, somos forçados a pressupor a existência de seres espirituais. Como esses seres não podem existir por si próprios, mas precisam ser criados, não hesito em chamar esse misterioso Criador, como todas as civilizações antigas, de Deus!".

O professor Hans-Peter Dürr, físico e ex-diretor do Instituto Max Planck em Munique, argumenta de maneira semelhante em seu popular livro *Es gibt keine Materie!* [Não há matéria]. Pouco antes de ele morrer, caminhamos pela Acrópole, em Atenas. Ele já respirava com muita dificuldade. Cercados por tanta matéria na forma de pedras e rochas, eu disse ao físico renomado: "Tudo aqui é na verdade matéria". "Ah, não", respondeu ele, para a consternação de muitos marxistas e materialistas: "Tudo isso é espírito materializado. O espírito foi e sempre será primordial". Uma afirmação surpreendente para um físico.

3. No fundo, toda vida é uma só

A pesquisa de Hans-Peter Dürr mostra paralelos surpreendentes entre o pensamento judaico-cristão, as ideias hindus e budistas e as últimas descobertas da física quântica moderna. Precisamos finalmente aprender a cruzar fronteiras a fim de superar o que parece irreconciliável. As fronteiras do racionalismo puro e do Iluminismo ficam na superfície – NO FUNDO, TODA VIDA É UMA SÓ.

Essa é a conclusão tanto dos físicos quânticos de hoje quanto do Dalai Lama, de acordo com o físico alemão Carl Friedrich von Weizsäcker.

Se compreendermos, ou imaginarmos, Deus como o sol por trás do sol, o pensamento e a ação solares representarão mais do que a transição puramente técnica da era da energia fóssil para a era da energia solar; a transição é sinal de uma atitude nova, profunda, holística e madura em relação à vida da substância divina. Dezenas de milhares de pessoas em todo o mundo, inspiradas por essa atitude e mudança de mentalidade, me dizem: "Agora, adotamos uma nova atitude em relação à natureza e ao sol – estamos olhando para cima com mais frequência e também entendemos o que Jesus quis dizer no Sermão da Montanha, quando afirmou: 'Porque Ele faz raiar o sol sobre maus e bons'". Simplesmente não existe sol apenas para empresas de energia. O sol, um símbolo divino, brilha sobre todos nós, um mestre artesão criando obras-primas inesgotáveis e inspirando sobretudo as maravilhas da mente.

4. Nenhuma criança deveria morrer de fome

Para muitos "humanos solares", olhar para cima também significa olhar para dentro. Eles aprendem a ter acesso à sua alma por meio dos sonhos. Devido à autocracia energética externa, tornam-se conscientes de sua soberania energética interna. Reconhecem que a crise energética externa corresponde a uma crise energética interna muito mais profunda, uma crise energética da alma. E a alma humana, de acordo com o renomado psiquiatra e psicoterapeuta suíço Carl Gustav Jung, "é a única superpotência deste mundo que eu reconheço".

Se agíssemos de uma forma verdadeiramente holística e baseada no conhecimento, com consciência da nossa alma, já teríamos reduzido os gases do efeito de estufa há muito tempo e teríamos não só articulado, mas também realizado a transição nos campos da energia e dos transportes, da água e da agricultura. Mas vivemos numa época que está inconsciente da alma, o que nos torna resistentes e incapazes de aprender. Parece que apenas a cura interior poderá promover a cura exterior. Como os místicos da Idade Média já sabiam: externo como interno, interno como externo.

Nossa "luz interior" (conforme descrita por Jesus no Sermão da Montanha), nossa alma pode nos ajudar a nos tornarmos seres ensolarados por fora. E podemos subitamente nos dar conta de que as coisas mais importantes da vida são de graça: alegria e gratidão dentro de nós, assim como o sol acima de nós. Entretanto, alegria, amor e gratidão estão tão pouco à venda quanto o sol. São dádivas de Deus. Vamos finalmente fazer uso inteligente delas. Para isso, precisamos abrir nosso coração, assim como precisamos colocar o telhado e as paredes de nossa casa à disposição para a instalação de placas solares, como pistas de pouso para o espírito lá no alto. De modo que possamos – talvez pela primeira vez na história da humanidade – trabalhar juntos para que, um dia, as crianças não tenham mais que morrer de fome e as pessoas não sejam forçadas a fugir de seus países. E vamos compreender que ninguém deixa a própria casa voluntariamente. A crise energética, a crise de refugiados e a crise climática estão intimamente relacionadas. Se enxergarmos essa correlação, encontraremos soluções; as crises criam novas oportunidades. A chave para a solução de todos esses problemas é a crise energética.

Em outubro de 2018, fui convidado a dar palestras no Mali, na África Ocidental. Em Bamako, capital do Mali, eu ia falar numa conferência africana sobre energia solar. A África e o sol: que grande oportunidade! A convite do ministro de Energia, nós, palestrantes, viajamos até um vilarejo de 20 mil habitantes nos arredores da capital. Apenas três anos antes, não havia eletricidade lá. Agora, porém, as pessoas tinham instalações solares e eletricidade. O farmacêutico do vilarejo me contou que, por causa da energia solar, a saúde na aldeia havia melhorado. Ele agora podia – ao contrário de antes – refrigerar muitos remédios. Numa escola, conheci crianças que falaram entusiasmadas sobre os benefícios da energia solar, pois podiam assistir ao futebol na televisão. As mães disseram que podiam mandar os filhos para a escola, já que eles tinham como fazer o dever de casa à noite, à luz das lâmpadas solares, o que antes era impossível. A educação muda tudo. Uma costureira me contou que finalmente tinha uma máquina de costura elétrica e não precisava mais trabalhar arduamente impulsionando o pedal. O prefeito do vilarejo afirmou: "Agora que temos eletricidade no vilarejo, os jovens não pensam mais em ir embora para a Europa. A energia solar também gerou novos empregos".

Todos os problemas criados pelo homem também podem ser resolvidos pelo homem.

Pouco depois, dei uma palestra na Conferência da Associação Mundial de Energia Eólica em Karachi, no Paquistão. Lá, a empresa chinesa Goldwind, uma das maiores produtoras de turbinas eólicas do mundo, montou – com a ajuda de tecnologia alemã – um parque eólico que produz eletricidade limpa e acessível para 1,5 milhão de pessoas locais. Meus amigos paquistaneses são só elogios a esse progresso. Eles estão totalmente convencidos de que seu país alcançará a transição energética completa em meados do século. Todos os lugares poderiam ser o Karachi e o Mali.

Cada turbina eólica e cada instalação solar, cada usina hidrelétrica e cada usina de biogás são um sinal de paz. Nunca travaremos guerras pelo sol ou pelo vento.

5. Desarmar em vez de rearmar

Essa tendência pode ser financiada? Eis uma objeção típica e imediata, levantada com frequência na Alemanha. Hoje, gastamos cerca de 1,6 trilhão de dólares em todo o mundo com armas e exércitos, em conformidade com o princípio da Roma antiga: "Se quer paz, prepare-se para a guerra". O resultado dessa forma tradicional de pensar: dois mil anos de guerras, miséria, destruição e aniquilação. Milhões de vítimas. Na era atômica, é chegada a hora de mudarmos esse lema: "Se quer paz, prepare-se para a paz". Isso significa desarmar em vez de rearmar. A transição para a energia solar pode ser financiada em todo o mundo com apenas uma pequena fração do dinheiro gasto com preparativos bélicos. Ainda estamos presos na velha armadilha da guerra.

Então, o que estamos esperando? Nós, humanos, podemos aprender e mudar nosso comportamento. Em 1972, foi publicado o muito discutido livro *Os limites do crescimento*, do Clube de Roma. Na época, fizemos uma edição especial sobre o tema em nosso programa *Report Baden-Baden* e alcançamos um público de milhões. Por algum tempo, os jornais cobriram esse tópico crucial em detalhes. O livro se tornou um best-seller e foi traduzido para quase todas as línguas do mundo. Há muito sabemos que, neste planeta, toda matéria é limitada. Todos crescemos até termos 1,60, 1,70, 1,80 ou 1,90 metro de altura, ou talvez mais alguns poucos centímetros. Mas é o suficiente. Ninguém cresce fisicamente para sempre. Depois do crescimento físico, outra coisa passa a importar: a maturidade interior, o crescimento interior.

No que diz respeito ao espírito, à mente, à cultura e à religião, podemos continuar a amadurecer, mas não podemos crescer fisicamente para sempre. Nossos recursos materiais são limitados, ao contrário das ideias em nossa mente. As ideias podem se multiplicar como se tivessem se reproduzido sexualmente. Essa é a base do progresso e da prosperidade. No entanto, governos em todo o mundo propagam o crescimento econômico. O único

VIII. *Por uma Era Solar – Epílogo de Franz Alt* 101

ente material que cresce sem limites é o câncer. Nossa filosofia de crescimento eterno está propagando uma economia cancerígena quase oficial, e está fazendo isso em todo o mundo, o que pode se provar fatal.

Mas como podemos, em tempos de aquecimento global e destruição do meio ambiente, crescer espiritualmente a fim de enfrentar esses desafios antes que seja tarde demais? Como podemos amadurecer, em vez de crescer? Talvez essa seja a grande pergunta dentre todas as perguntas atuais.

A maior mentira da política: "Mas já estamos fazendo muito". Em minha série de tevê *Zeitsprung* [Intervalo], mostramos que, em 1993, a humanidade lançava na atmosfera cerca de 22 bilhões de toneladas de gases do efeito estufa anualmente. Como se isso não bastasse, hoje são quase 40 bilhões de toneladas por ano – depois de mais de vinte conferências mundiais sobre o clima com dezenas de milhares de participantes e mais de 27 anos depois.

Mas já estamos fazendo muito, não estamos? Sim, estamos, mas está tudo errado!

Todos os dias, em todo o globo, emitimos cerca de 150 milhões de toneladas de CO_2, todos os dias matamos cerca de 150 espécies de animais e plantas, perdemos diariamente 50 mil toneladas de solo fértil e os desertos crescem cerca de 80 mil hectares por dia. Nossa ganância por carne destrói as florestas tropicais. Em 2019, centenas de milhões de africanos enfrentaram a seca mais severa de que se tem lembrança e ainda temem o próximo período de escassez de alimentos. Um subcontinente clama por água: Angola, Botsuana, Congo, Lesoto, Malaui, Moçambique, Namíbia, Ruanda, Zâmbia, Zimbábue, África do Sul. Ainda haverá esperança para nós?

6. Economizando com a natureza, não contra ela

Estamos vivenciando não um impasse ecológico, mas um rápido retrocesso. Corremos em direção ao abismo, com os políticos nos incentivando: "Acelerem! É a única maneira de nos salvarmos. Então: crescimento, crescimento, crescimento". Isso é perverso ao extremo. Mas como podemos mudar de rumo antes que tudo desmorone e finalmente estejamos nos precipitando no abismo?

Destruímos nosso planeta porque estamos muito preocupados com o presente e o futuro. O lema do nosso modelo cultural ocidental continua sendo: maior é sempre melhor. O fato de mais e mais carros utilitários cada vez maiores estarem sendo comprados na Alemanha é um exemplo disso. Nas cidades alemãs, um número crescente desses veículos, que pesam 2,5 toneladas e medem 5,2 por 2 metros, circula, indo contra o clima mundial, embora o espaço nas cidades esteja cada vez mais restrito. Proprietários e motoristas, mulheres e homens, estão mais preocupados com o ego do que com a mobilidade.

A maioria de nós não está nem aí para o futuro. Depois de concluir meu discurso sobre transição energética, vivenciei esta experiência: um senhor idoso veio até a mesa dos livros e disse: "Bem, sr. Alt, o senhor pode estar certo sobre a energia solar e a eólica, mas, sabe, já tenho 75 anos, tem o suficiente para mim". "O senhor tem filhos?", retruquei. Ele abaixou a cabeça, aturdido, e foi embora.

Um lema muito difundido parece ser: "Depois de nós, o dilúvio". Podemos ser a primeira geração que não poderá dizer aos filhos "Nós amamos vocês" sem certo peso na consciência. Porque eles teriam que responder aos pais: "Nós não acreditamos nisso. Isso é hipocrisia. Estão apenas fingindo. Se nos amassem de verdade, não teriam queimado nosso futuro".

Muitas crianças e jovens não se deixam mais enganar por nós e começaram a se revoltar contra nossa piromania. A transição imediata para a energia solar se tornou uma questão de sobrevivência para a humanidade. Felizmente, cerca de 28 mil climatologistas do movimento Scientists for Future [Cientistas pelo Futuro] estão apoiando o movimento Fridays for Future, bem como o Parents for Future, e até mesmo o Grandparents for Future, Farmers for Future, Doctors for

VIII. *Por uma Era Solar – Epílogo de Franz Alt*   103

Future, Entrepreneurs for Future, sem esquecer os primeiros Journalists for Future e Churches for Future e até mesmo Climbers for Future.[2] Isso condiz totalmente com a posição do Dalai Lama. E também ressoa com o espírito da Encíclica do papa *Laudato si*. O mundo precisa agora é do movimento Citizens for Future [Cidadãos pelo Futuro]. A questão crucial é: como promover uma mudança verdadeira? Motivada não por medo, mas por emoções positivas, como compaixão e atenção plena.

Sem energia, o desenvolvimento econômico é impossível em países que ainda são pobres. Sem energia, as pessoas nos países emergentes não têm outra opção a não ser fugir para os países economicamente ricos. O que faríamos se vivêssemos em países pobres e não víssemos nenhuma perspectiva para nossos filhos?

De acordo com um prognóstico da ONU, haverá mais de 400 milhões de refugiados climáticos até o fim do século. É claro que vão fugir para países onde enxergam perspectivas econômicas. Estamos colhendo o que plantamos. Nós, os países industrializados, somos os responsáveis pelas mudanças climáticas, não os países pobres. Os pobres são vítimas das nossas ações. E é por isso que virão para cá, a menos que consigamos deter o aquecimento global. Um bengalês ou um subsaariano consome cerca de vinte vezes menos energia do que um alemão. Nós somos os responsáveis, não os africanos, que querem ou se veem obrigados a emigrar para a Europa. Para onde mais deveriam ir?

Em média, um cidadão norte-americano lança na atmosfera 18 toneladas de dióxido de carbono por ano; um alemão, 9 toneladas; um sueco, 4,5 toneladas; e um bengalês ou subsaariano, 0,5 tonelada.

Até agora, a maioria dos refugiados que vieram para a Alemanha estava fugindo da guerra. Em 2015, por exemplo, da Síria ou do Afeganistão.

---

2   Respectivamente: Cientistas pelo Futuro, Greve pelo Clima (no Brasil), Pais pelo Futuro, Avós pelo Futuro, Agricultores pelo Futuro, Médicos pelo Futuro, Empreendedores pelo Futuro, Jornalistas pelo Futuro, Igrejas pelo Futuro e Alpinistas pelo Futuro. (N. da T.)

Em geral, essas pessoas retornam depois da guerra para reconstruir seu país de origem, como os refugiados da antiga Iugoslávia depois das guerras dos anos 1990. Mas para onde os futuros refugiados climáticos vão voltar?

O aquecimento global diz respeito a todos nós. É um problema que mais uma vez estamos prestes a enterrar. Mas tudo que reprimimos um dia se volta contra nós. No futuro, milhões de refugiados climáticos ficarão sem lar, a menos que finalmente consigamos deter a causa de sua evasão: o aquecimento global. De forma séria e imediata.

As mudanças climáticas são – como disse lá no início – uma guerra mundial contra a natureza, e são responsabilidade de todos os países. Teremos de aprender a distinguir entre refugiados de guerra e aqueles que foram forçados a fugir de seu país por causa das mudanças climáticas. Uma fuga sem volta.

A história da humanidade é uma história de refugiados. De certa forma, somos todos refugiados. Tudo começou cerca de 200 mil anos atrás, quando o *Homo sapiens* deixou a África Oriental para conquistar o mundo.

Estou escrevendo estas linhas a bordo do ICE, um trem alemão de alta velocidade, no aniversário de 250 anos do estudioso alemão Alexander von Humboldt: 14 de setembro de 2019. Ao viajar pela América Latina entre 1799 e 1804 com o objetivo de fazer pesquisas e descobertas, Alexander teve uma infinidade de novos *insights* sobre as leis e a riqueza da natureza. Nunca antes textos sobre os trópicos tinham atraído tanta atenção mundial. Por ocasião do 14 de setembro, muitos jornais alemães se referiram a Alexander von Humboldt como "o primeiro ambientalista do mundo". Ele de fato se entusiasmou com as "maravilhas das exuberantes florestas primitivas" e sua biodiversidade. Ficou "fora de si", escreveu, entusiasmado. Esse cientista brilhante e mundialmente famoso, sempre ávido por aprender, hoje também estaria "fora de si", se tivesse que testemunhar a inacreditável e revoltante brutalidade com que estamos destruindo essas "maravilhas da natureza" – por ganância e ignorância.

VIII. *Por uma Era Solar – Epílogo de Franz Alt* 105

Como universalista e naturalista, ele via o mundo como um todo. Hoje em dia, com as conclusões dos cientistas que pensam e fazem pesquisa de forma holística sendo descaradamente negadas, Humboldt deveria servir de modelo. O que ele considerava holístico, o Dalai Lama chama, neste livro, de interdependência.

O entusiasmo de Humboldt por flores e folhas, rios e moscas das florestas tropicais, junto com a meticulosidade científica, é o contrário do lugar para onde o espírito de exploração máxima e ganância brutal nos conduziu. Esse *Zeitgeist* maligno incendiou a Amazônia. No outono de 2019, havia tanta floresta queimando em Sumatra que cidades inteiras quase sufocaram, milhares de escolas tiveram que fechar e o fogo liberou 360 milhões de toneladas de dióxido de carbono na atmosfera em cinco semanas. O gelo glacial está derretendo na Groenlândia, assim como no Alasca, no Ártico e na Antártica, nos Alpes e no Himalaia. O pergelissolo na Sibéria está se desfazendo. Nas últimas décadas, destruímos metade das florestas tropicais, os pulmões do nosso planeta. Apenas um de seus lobos sobreviveu.

Junto com as florestas primitivas moribundas, a ideia de natureza animada, onde tudo está inter-relacionado, também morre. Assim, estamos destruindo a base da nossa própria vida. O presidente dos Estados Unidos Donald Trump e o partido político alemão AfD negam o aquecimento global, contrariando todos os especialistas. Alexander von Humboldt nunca fez distinção entre conhecer e sentir, entre sentimento e razão, entre homem e natureza, entre economia e ecologia. Ele sabia que o homem depende do clima. O conhecimento entrecruzado de Humboldt sempre foi aliado a um senso de responsabilidade pelo mundo como um todo. Alexander von Humboldt, como escreveu a historiadora Kia Vahland, no *Süddeutsche Zeitung*, personifica um "universalismo energético, abundante em conhecimento", um modelo exemplar para nosso tempo.

106 A NOSSA ÚNICA CASA

O aquecimento global e a ameaça de catástrofe climática mundial são os maiores e mais importantes canteiros de obras de todo o século XXI e provavelmente muito além. E isso afeta a todos em todos os países. Aparentemente, pela primeira vez na história da humanidade, todos temos um inimigo comum. Esse desafio pode e deve nos unir na luta contra nosso maior inimigo: o aquecimento global.

Não é exagero, mas a simples verdade: o fim de nossa civilização se tornou possível. Por isso, por ocasião do dia da greve climática mundial, em 20 de setembro de 2019, duzentas organizações de mídia internacionais se uniram pela primeira vez para informar as pessoas sobre essa ameaça global. Para que ninguém possa mais fingir que não sabia.

E em 20 de setembro de 2019, o Dalai Lama escreveu: "Jovens de todo o mundo estão se manifestando por um bom clima, o que é maravilhoso. Desse modo, demonstram uma visão realista de seu próprio futuro. Nós, adultos, devemos apoiar esses jovens". Os que se opõem a Greta a acusam de sentimentalismo e irracionalidade, embora a ciência e a razão estejam do lado dela, o que não se pode dizer de seus detratores. Naturalmente, o aquecimento global é uma questão altamente emocional. Em seu discurso na ONU, Greta também verteu lágrimas, demonstrou raiva e desespero. Esses meios, é claro, vão acabar se desgastando. Mas os oponentes de Greta argumentam de forma muito menos racional.

7. AÇÕES SÃO EVIDÊNCIAS DA VERDADE

A transformação é possível – sempre há alternativas, conforme já mencionado neste livro. Podemos fazer alguma coisa ou podemos deixar essa questão de lado.

"Não há nada que eu possa fazer a respeito." Eis a desculpa mais fatídica e fatalista quando as pessoas não conseguem pensar em nada melhor. No entanto, é a desculpa mais usada.

VIII. *Por uma Era Solar – Epílogo de Franz Alt*   107

Todos são, por natureza, capazes de transformação. Essa é a razão pela qual estamos aqui. Todos os problemas causados pelo homem também podem ser resolvidos pelo homem.

- a paz é possível;
- o amor é possível;
- a justiça é possível;
- a compaixão é possível;
- a preservação do clima é possível;
- a economia sustentável é possível;
- um mundo melhor é possível.

É claro que belas palavras devem ser seguidas dos atos necessários. As ações são a evidência de nossa sinceridade. Só assim as utopias se tornam objetivos concretos e realizáveis.

A ganância por dinheiro nasce da ignorância, de acordo com Buda e Jesus. A ganância, portanto, é irracional. Nenhuma quantidade de dinheiro, nenhum preço de ação, nenhum produto interno bruto, nenhuma propriedade será suficiente para satisfazer nossa ganância e pôr fim a essa busca irracional. As pessoas que vivem nos países ricos e industrializados, cuja renda mais ou menos dobrou a cada vinte anos desde 1945, não estão mais felizes do que antes de 1945.

O único antídoto para o dinheiro e a ganância é a compaixão, conforme ensinam o budismo e o cristianismo em seus primórdios, enquanto seguia Jesus. Em sua origem, ambas as religiões ignoram o dogmatismo; estão comprometidas com o pragmatismo e a ciência. Se a ciência invalida as escrituras, elas precisam ser reescritas, mesmo as chamadas Escrituras Sagradas.

Obras-primas da literatura e, nesse aspecto, contos de fadas estão imbuídos da ideia da capacidade do homem de mudar: *A divina comédia*, de

Dante; o *Fausto*, de Goethe; a *Odisseia*, de Homero; a epopeia de Gilgamesh; *Parcival*; o Sermão da Montanha, de Jesus; *O mito da caverna*, de Platão, e *A flauta mágica*, de Mozart.

Graças à psicologia moderna do século XX, representada por Sigmund Freud e Carl Gustav Jung, bem como às primeiras neurociências do século XXI – neuropsicologia, neurofilosofia e neurobiologia –, reconhecemos que o homem, em princípio, é capaz de mudar e de se alterar. Esses processos de alteração são chamados de "individuação" ou "autorrealização" pelo psiquiatra e psicoterapeuta suíço Jung. Segundo ele, individuação significa "integração da *anima*" para o homem que tenta integrar as partes femininas de sua alma e "integração do *animus*" para a mulher que integra as partes masculinas de sua alma. Para Jung, o "eu" ou "individuação" representa a "unidade e integridade da personalidade completa". A alteração – ou, em termos religiosos, "conversão" – é, em tese, sempre possível. As pessoas podem aprender se quiserem. Nossa vontade pode muitas vezes ser cega, mas não é estúpida. Podemos desenvolvê-la como um músculo. É por isso que, ao longo da história, o que parecia impossível muitas vezes se tornou possível: a abolição da escravidão e do trabalho infantil, a emancipação das mulheres, a separação entre Estado e Igreja, os direitos humanos e a democracia e, em 1989, a reunificação alemã.

IX. Dez mandamentos para o clima

• Até 2035, os gases do efeito estufa devem ser reduzidos a zero. A forma mais eficaz de proteger o clima é abandonar imediatamente o carvão como fonte energética. A Eslováquia planeja eliminar o carvão até 2030; a Grécia, até 2028; e a Inglaterra, um tradicional "país do carvão", já em 2025. Por que a Alemanha – e os Estados Unidos e o Reino Unido – não planeja fazê-lo antes de 2038?

• Todas as novas construções devem ser livres de emissões, por exemplo, usando-se mais madeira. O alumínio como material de construção prejudica o meio ambiente 128 vezes mais do que a madeira. Mais e mais europeus estão usando madeira de reflorestamento na construção de suas casas.

• A partir de agora, a construção de centrais elétricas só deve ser autorizada se forem utilizadas energias renováveis. Cortar os atuais subsídios de bilhões de dólares para poluidores industriais.

• A partir de 2025, apenas carros elétricos ou outros veículos com motores livres de CO_2 devem ser permitidos. Essa medida funciona, como a Califórnia mostrou nos anos 1990, quando introduziu cotas para veículos elétricos. A China, o maior mercado automotivo do mundo, se comprometeu a introduzir essas cotas a partir de 2019. Agora todos os outros devem fazer o mesmo.

• O transporte público deve ser expandido significativamente. Mais reuniões devem acontecer via Skype, em vez de presencialmente. Casas, ruas e indústrias devem ocupar menos espaço; precisamos aumentar a densidade

112 A NOSSA ÚNICA CASA

vertical de nossas cidades de forma inteligente. Construir ecologicamente não significa novas construções, mas principalmente reestruturar e reformar. Novas instalações industriais devem ser livres de emissões de CO_2 a partir de 2025. Um prazo para a adoção obrigatória de tecnologias de emissão zero impulsionará as inovações necessárias em todo o mundo.

• Cerca de 25% das emissões anuais de gases do efeito estufa são causadas pela produção de alimentos – especialmente produtos à base de carne. Você sabia que a produção de sopa de carne emite dez vezes mais gases do efeito estufa do que a produção de sopa de legumes? A sopa de carne realmente tem um gosto dez vezes melhor do que a sopa de legumes? Todos devem, portanto, levar em conta as diretrizes da Sociedade Alemã de Nutrição (Deutsche Gesellschaft für Ernährung, DGE), que sugerem a redução do consumo de carne primeiro pela metade, depois em dois terços. Isso ajuda a prevenir a obesidade e a hipertensão, desacelera as mudanças climáticas e reduz os níveis de nitrogênio nos lençóis freáticos. As mudanças climáticas também precisam ser encaradas como uma emergência médica. A correlação entre as mudanças climáticas e nossa saúde tem recebido muito pouca atenção até agora. O aquecimento global é a maior ameaça à nossa saúde no século XXI, de acordo com a Associação Médica Mundial. E a poeira fina aumenta o risco de acidente vascular cerebral, asma e diabetes. O aquecimento global é fatal. Ou vice-versa: a preservação do clima melhora nossa saúde. Ao andar de bicicleta ou caminhar, além de cuidarmos do meio ambiente, reduzimos o risco de doenças cardiovasculares, diabetes e excesso de peso. Queimar menos carvão significa menos poeira fina e menos pacientes com problemas pulmonares. Ao contrário de outras religiões, o budismo não concede a nós, humanos, um direito à vida que se sobreponha ao direito dos outros seres vivos. Um monge budista nunca diria, como na Idade Média o monge cristão Santo Tomás de Aquino disse: "Os animais não têm alma". Nem Jesus teria usado essas palavras. Ele pregava a compaixão por todas as criaturas. No Novo Testamento, encontrei dezesseis espécies de animais em suas parábolas.

• Devemos reflorestar o mundo todo e tornar os desertos mais verdes, como a organização infantojuvenil Plant-for-the-Planet vem fazendo exemplarmente há anos. Eles já plantaram mais de 13 bilhões de árvores, e a meta é chegar a 1 trilhão. Árvores jovens não ajudarão de imediato, mas pelo menos algo estará crescendo. O Paquistão anunciou que vai plantar 10 bilhões de árvores até 2030. Por que o Ministério da Agricultura alemão prevê o plantio de apenas 100 milhões de árvores? A Etiópia, ainda mais pobre que o Paquistão, detém o recorde mundial de plantio de árvores: no verão de 2019, mais de 350 milhões de árvores jovens foram plantadas num único dia!

• Devemos votar apenas em políticos que representam de forma honesta nossos interesses, e não os da obsoleta indústria energética fóssil-nuclear ou da indústria automotiva fóssil. Democracia em vez de autocracia e sol em vez de átomos e carvão.

• O desenvolvimento solar em países pobres é a melhor precaução contra o crescimento populacional que está fora de controle.

• Todos podemos ser menos consumistas e reduzir o desperdício, andar de bicicleta com mais frequência ou sair para correr, ser mais ecológicos sempre que fizermos uma festa, mudar para eletricidade verde, investir nosso dinheiro em alternativas verdes e corretas. Devemos finalmente fazer o que consideramos certo. Viver de uma maneira mais simples para que os outros possam simplesmente sobreviver. Pensar mais e oferecer resistência contra a ignorância e a estupidez. Podemos nos libertar da superabundância.

X. O QUE EU POSSO FAZER?

1. Escolha com sabedoria

É preciso muito esforço para cumprir esses mandamentos. Mas, em última análise, isso significará uma vida melhor para todos nós, uma vida pela qual vale a pena viver. O fruto da justiça climática é a paz. Para superar uma visão de mundo materialista, precisamos de uma visão positiva que seja mais atraente do que nossa visão de mundo obsoleta. A revolução mundial pela compaixão, sugerida aqui pelo Dalai Lama, pode ser de grande ajuda, talvez até decisiva. O momento atual parece propício. Grande parte da geração mais jovem, bem como uma parte cada vez maior das pessoas mais velhas, parece preparada.

Quem disse que um indivíduo não pode fazer nada a respeito? Se cada um colocar sua própria casa em ordem, o mundo todo será um lugar melhor. "O futuro depende do que você faz hoje" (Mahatma Gandhi). Quem, além de nós mesmos, pode nos impedir? Um mundo melhor começa com cada indivíduo.

Corremos o risco de desaparecer se não aprendermos que uma floresta saudável garante nossa saúde. Talvez nós, humanos, precisemos desenvolver uma maior consciência em relação às árvores. O romancista Richard Powers diz que devemos abandonar imediatamente nossa cegueira em relação ao suposto "status especial do ser humano". Uma "consciência das plantas" pode ser útil. Esses termos são muito próximos do pensamento holístico budista do Dalai Lama e de sua mensagem "Revolução da compaixão", bem como da ética de Albert Schweitzer: "Reverência por toda vida". Quem permanece alerta não pode mais negar a catástrofe ameaçadora. Até onde estamos dispostos a ir a fim de impedir o apocalipse? Quem é responsável por causar um problema também pode consertar as coisas – provavelmente a tese mais importante deste livro. Como família humana, compartilhamos um destino comum. Portanto, vamos cuidar para que não fique muito quente.

Decidimos a favor ou contra a construção sustentável, decidimos se viajamos de forma ecológica ou de uma forma prejudicial ao clima, se consumimos alimentos que destroem recursos ou produtos da agricultura orgânica e se usamos fontes energéticas renováveis ou energia fóssil--atômica. A transformação de que precisamos para um bom futuro para todos já aconteceu para milhões de pessoas que servem como modelo. Essa transformação não é mais um sonho; em muitos casos, está se tornando real.

Há 25 anos, Rolf Disch, arquiteto solar, constrói casas que produzem três vezes mais eletricidade solar do que seus ocupantes consomem, além de energia suficiente para o aquecimento. A casa dele rende dinheiro. Esse é o futuro solar. Sua própria casa produz mais de seis vezes mais eletricidade solar do que ele e a esposa consomem. Conheço projetos de habitações sociais abastecidas por energia solar cujos moradores agora pagam metade do que pagavam pela eletricidade no passado, quando a casa era abastecida por energia tradicional. Eletricidade solar é eletricidade social.

O objetivo deste livro é encorajar a ação. Ação política, assim como pessoal e privada, incluindo hábitos eleitorais em favor do meio ambiente e do clima, que são a base de nossa vida. Numa democracia, nosso comportamento eleitoral reflete nossa responsabilidade política. No início deste livro, o Dalai Lama diz que, na Europa, votaria no Partido Verde.

Também estou convencido de que, sem a participação do Partido Verde no governo federal, a Alemanha claramente deixaria de cumprir suas metas de proteção do clima em 2030, como foi o caso em 2020.

X. O que eu posso fazer? 119

Digo isso como alguém que foi membro dos democratas-cristãos por 28 anos. Os partidos tradicionais ainda estão presos às estruturas e à forma de pensar das antigas indústrias energéticas e automobilísticas.

Todos os requisitos técnicos necessários para superar a era fóssil-atômica já foram atendidos. Nosso problema não é a falta de conhecimento, mas a implementação rápida. Com seus avanços tecnológicos em energia renovável, a Alemanha não tem motivos para temer as mudanças futuras acarretadas pela transição para 100% de energia solar. Pelo contrário: a crise de recursos atual nos oferece uma chance única. Tecnologia de energia alternativa.

Agora trata-se exclusivamente de um progresso que vai garantir que nossos filhos e netos possam olhar para o futuro com autoconfiança, otimismo e alegria. E um dia possamos dizer: filhos, este é o seu mundo; nós ajudamos a tornar a vida bela para vocês também. A vida espera por vocês.

Nós, adultos, devemos aprender com as crianças. Talvez assim finalmente possamos crescer. Já é mais do que tempo de quem se considera adulto se guiar pelo realismo do movimento Fridays for Future. Isso significa cada indivíduo assumir responsabilidades, fazer greve, tornar-se politicamente ativo, aprender a se levar a sério e deixar de ser infantil, e os adultos finalmente se tornarem adultos. Chega de ilusões de crescimento eterno. O crescimento apenas pelo crescimento é um objetivo vão. A economia de mercado ecossocial está comprometida com a sustentabilidade e a qualidade de vida de todos. Questões como estas surgem: O que é mais importante, nutrição saudável e suficiente para todos ou ainda mais carros, telefones celulares e viagens aéreas intercontinentais? É hora de encarar a realidade.

2. Ainda há esperança para nós?

O Dalai Lama sugere que a política climática siga a ciência, assim como o movimento Fridays for Future. Os jovens não têm nada a perder, exceto seu futuro. E, por favor, me digam o que é mais importante do que o futuro de nossos filhos e netos?

Ainda há esperança para nós? Sim. Mas não por muito tempo!

Nossa transformação não é um destino cego. O futuro é o que fazemos dele hoje. A maneira mais eficaz de prever o futuro é moldá-lo. Ao olhar para trás em minha vida, eu diria que a economia de mercado ecossocial é o sistema mais eficaz no qual bilhões de pessoas podem realizar seu sonho de um mundo melhor. O Acordo de Paris de 2015 e os Objetivos de Desenvolvimento do Milênio das Nações Unidas são a base dessa nova economia de mercado ecossocial global. Como realista e jornalista, sei, é claro, que há uma grande diferença entre escrever sobre objetivos maravilhosos e cumpri-los. Uma verdadeira evolução implica mudança, alteração, transformação, recuperação e futuro. Há muito que fazer. Futuro significa trabalhar pelo futuro. E tudo isso deve ser belo, estético, atraente e não desencorajador.

A última vez que houve uma greve geral na Alemanha foi em 12 de novembro de 1948. "É do seu interesse. Junte-se a nós" era o lema nos cartazes dos sindicatos. Essa greve geral pôs em marcha na Alemanha a economia social de mercado, que, entre os anos 1950 e 1980, prometeu "prosperidade para todos", promessa cumprida de maneira notável. Essa greve histórica foi a base do milagre econômico alemão. Pouco depois, Ludwig Erhard e sua administração reforçaram os esquemas de seguridade social e introduziram a regulação de preços.

A greve global pelo clima em 20 de setembro de 2019 pode ser o sinal de partida para uma economia de mercado socioecológica mundial. Em 163 países, mais de 4 milhões de pessoas foram às ruas. Elas não se limitaram a

X. O que eu posso fazer? 121

escrever a história. O que talvez seja ainda mais importante, em seus cartazes estava escrito: "Voltaremos".

Essa primeira greve mundial da história da humanidade foi motivada por nada menos do que salvar o mundo. No mesmo dia, o governo alemão decidiu aplicar medidas de preservação climática – embora apenas um mínimo – e três dias depois a ONU se reuniu para discutir a preservação do clima. Nunca antes houve um fim de semana como aquele: o mundo está se revoltando. O problema está finalmente onde deveria estar: no centro da política internacional. Milhões de jovens estão tomando as ruas e os governantes do mundo estão sob pressão: na Austrália e na Índia, na Alemanha e na França, nos Estados Unidos e na Bolívia, no Quênia, em Bangladesh e na África do Sul.

Depois da Segunda Guerra Mundial, os pais e mães da economia social de mercado na Alemanha foram corajosos e progressistas. A famosa frase "Penso, logo existo", do pensador iluminista francês René Descartes, hoje deveria ser completada pela visão iluminada budista: "Vivo com compaixão, logo existo" ou pela mensagem de Carl Gustav Jung: "Sonho, logo existo". A maioria dos indianos, chineses, africanos e sul-americanos nunca entenderá "Penso, logo existo" – uma frase tão importante para nós, europeus –, tampouco nosso ateísmo. A maioria das pessoas não se define usando a razão, mas a emoção; não através do "eu", mas através de sua relação com os semelhantes, ou seja, através do "nós".

Buda e Jesus foram os modelos mais importantes, duradouros e convincentes com os quais poderíamos aprender nos últimos dois milênios e meio. No entanto, não aprendemos o suficiente com eles. Do contrário, não incrementaríamos as armas nucleares, não travaríamos guerras e não destruiríamos o meio ambiente. Quem, em última análise, nos impede de aprender com esses ensinamentos, se não nós mesmos? O que podemos aprender com os ensinamentos ecológicos do Buda, bem como com os ensinamentos ecológicos de Jesus, é a confiar na Criação. A pergunta decisiva de Jesus para cada

122 A NOSSA ÚNICA CASA

um de nós: você confia no dinheiro ou em Deus? Na ganância ou no amor? Seu programa básico é o "Sermão da Montanha". E o programa básico do Buda é a compaixão por toda forma de vida, que ele nos ensina no "Nobre Caminho Óctuplo".

O neoliberalismo materialista predominante, quase global e desenfreado hoje em dia, tornou-se na realidade uma ditadura do capital financeiro internacional. O Dalai Lama comenta: o dinheiro é um importante meio de troca, mas "é errado considerar o dinheiro um deus ou uma substância dotada de poder próprio". E Peter Spiegel escreveu o livro *WeQ – More than IQ. A Farewell to the I-Culture*.[3] A "We-economy" ["Economia do nós"] mostra novos caminhos para uma economia mais humana baseada em mais atenção plena, empatia, não violência, boa-fé, transparência e responsabilidade. Essas seis virtudes são a base da ética da compaixão defendida pelo Buda e pelo Dalai Lama. Essa ética econômica budista é semelhante ao que o teólogo católico Hans Küng chama de "*ethos* mundial" ou ao que o teólogo protestante Albert Schweitzer chama de "reverência pela vida". Felizmente, já há um número cada vez maior de tendências e projetos inovadores de *WeQ*, sobre os quais vou escrever em outro livro, em cooperação com Peter Spiegel. Salientaremos que essa revolução da compaixão nada mais é do que altruísmo ativo. Ou seja: o ganho alheio me satisfaz tanto quanto o meu ganho pessoal. Isso abre nosso coração. Esse altruísmo tem motivação espiritual. A defesa do bem-estar de todas as criaturas vivas inclui, naturalmente, meu próprio bem-estar. Uma teoria econômica que associe sinceramente a felicidade à riqueza material é, na melhor das hipóteses, ingênua.

Como monge mendicante, o Dalai Lama quase não tem pertences pessoais. No entanto, milhões o consideram seu contemporâneo mais feliz.

---

3   O título faz um jogo de palavras com a sigla IQ (em português, QI) e os pronomes pessoais da primeira pessoa do singular e do plural em inglês, respectivamente "*I*" [eu] e "*we*" [nós], introduzindo a ideia de que "*WeQ*", um conceito que tem como base o "nós", valeria mais do que "IQ", conceito que tem como base o "eu". Uma tradução livre do subtítulo seria: "Um adeus à cultura do eu". (N. da T.)

X. O que eu posso fazer? 123

Todos os dias, esse líder religioso medita por até quatro horas. Treinamento da mente. Ou seja: paz de espírito, felicidade do reconhecimento e compreensão das nossas ilusões. "A tranquilidade interior é a verdadeira fonte da felicidade", de acordo com o professor de economia Karl Heinz Brodbeck.

O dia 20 de setembro de 2019 pode se tornar um divisor de águas na história da humanidade, ou pelo menos o início de uma transformação radical. Preservação climática, justiça climática e solidariedade ganham um novo significado.

É tudo ilusão? Quem, em 2018, teria ousado prever que uma adolescente sueca estaria prestes a trazer uma nova inspiração para a agenda da política mundial?

Agradecimentos

Ao escrever este livro, o Escritório de Sua Santidade, o Dalai Lama, em Dharamsala, na Índia, e a Fundação Gaden Phodrang do Dalai Lama, na Suíça, foram de uma ajuda inestimável. Sou muito grato por, durante mais de 35 anos, ter desfrutado da oportunidade de informar o público sobre questões ambientais em minha emissora de rádio e tevê, SWR, e também nos canais Arte, 3sat e Third Programmes. Essas informações foram, com frequência, divulgadas contra a vontade das autoridades do canal ARD. Hoje, cada vez mais colegas continuam levantando essas questões de sobrevivência, entre eles Volker Angres, Harald Lesch e Sven Plöger.

© Bigi Alt

Sobre os autores

Tenzin Gyatso, sua Santidade, o 14º Dalai Lama nasceu em Takster, Tibete Oriental, em 1935. Após a ocupação do Tibete pela China, em 1959, ele se exilou na Índia, de onde vem fazendo uma campanha por uma solução amigável para a autonomia de seu país. Em 1989 foi homenageado com o Prêmio Nobel da Paz. É autor de vários livros best-sellers internacionais, dentre eles *A arte da felicidade: um manual para a vida*. Nos últimos anos, o Dalai Lama vem se dedicando a chamar a atenção do mundo para a interdependência de todos os seres e a necessidade de construirmos uma nova ética social e ambiental.

Franz Alt é filho de um comerciante de carvão e defendeu, durante muitos anos, a utilização da energia nuclear. Depois da catástrofe de Chernobyl, começou a rever suas posições e se tornou um ativista pelo meio ambiente. Estudou ciência política, história, filosofia e teologia e já trabalhou como jornalista para alguns dos mais importantes veículos da imprensa alemã. É autor de vários livros, traduzido para diversas línguas, e mantém uma página na internet sobre ecologia e preservação ambiental, www.sonnenseite.de.

O Dalai Lama e Franz Alt se encontraram pela primeira vez em 1982, durante as filmagens de um documentário sobre o Tibete, que foi exibido pela rede de tevê alemã ARD e também em diversos países. Esse foi o início de uma longa amizade entre os dois.

Em www.leyabrasil.com.br você tem acesso a novidades e conteúdo exclusivo. Visite o site e faça seu cadastro!

A LeYa Brasil também está presente em:

 facebook.com/leyabrasil

 @leyabrasil

 instagram.com/editoraleyabrasil

 LeYa Brasil

Este livro foi composto em Dante,
corpo 11pt, para a editora LeYa Brasil